내 손 에 서 피 어 나 는

클레이 플라워

클 레 이 ❀ 아 트
CLAY FLOWER

내 손에서 피어나는 클레이 아트

클레이 플라워

개정1판1쇄 발행일 2019년 05월 15일
개정1판1쇄 인쇄일 2019년 04월 19일
초 판 인 쇄 일 2016년 06월 24일

지 은 이 신지유
발 행 인 박영일
책 임 편 집 이해욱

편 집 진 행 박소정
표 지 디 자 인 김도연
본 문 디 자 인 신해니

발 행 처 시대인
공 급 처 (주)시대고시기획
출 판 등 록 제 10-1521호
주 소 서울시 마포구 큰우물로 75(도화동 538) 성지 B/D 9F
전 화 1600-3600
팩 스 02-701-8823
홈 페 이 지 www.sidaegosi.com

I S B N 979-11-254-5865-4

정 가 17,000원

프롤로그

반복되는 일상에서 바쁘게 일하면서 그저 그렇게 정해진 생활에 순응하는 제 자신이 답답했습니다. 무엇을 하면 마음이 설레고, 삶을 만족스럽게 느낄 수 있을지 늘 의문이었습니다. 우연히 접한 클레이 플라워는 제 마음을 설레게 했고, 실제 꽃과 같은 클레이 플라워를 만들 때마다 참 행복했습니다. 취미 생활처럼 하루하루 틈틈이 만들기 시작한 클레이 플라워는 저에게 예상하지 못한 다양한 기회를 주었습니다. 클레이 플라워를 배우기 원하는 다양한 사람들을 만날 수 있었고, 기관으로부터 강의 제안을 받기도 했습니다. 그리고 이렇게 책으로도 출간하는 경험을 하게 되었네요. 하지만 무엇보다 뜻깊은 일은 하루하루 설레는 일상을 맞이하게 되었다는 점입니다.

꽃을 보면 설레고 기쁜 마음은 누구나 같을 겁니다. 꽃은 사람들에게 말로 표현하기 어려울 정도의 행복감을 주지요. 하지만 아름다운 것이 영원하지 않은 것처럼 꽃 역시 금방 시들어버립니다. 아름다운 꽃이 시드는 모습을 볼 때마다 아쉬운 마음이 들었습니다. 클레이 플라워는 시들지 않는 반영구적인 꽃입니다. 원하는 색의 꽃을 얼마든지 만들 수 있고, 무게도 가볍기 때문에 장소의 제약 없이 자유롭게 장식할 수 있어요. 인생의 특별한 날을 아름답게 그리고 다시금 그날의 행복을 떠올릴 수 있게 하는 클레이 플라워를 여러분에게 소개하려합니다. 이 책은 30가지의 꽃과 소품을 클레이로 만드는 과정을 담았습니다. 인체에 무해한 클레이와 간단한 도구를 이용해 생화 느낌이 가득한 클레이 플라워를 만들어보세요.

손끝에서 꽃이 완성되는 과정을 보면서 제가 느꼈던 성취감과 행복함을 보다 많은 분들과 함께 느끼고 싶습니다. 꽃을 만드는 즐거움, 그리고 실생활에 장식하는 즐거움, 주변 사람들에게 선물하는 즐거움 등 클레이 플라워를 통해 다양한 즐거움을 느끼실 수 있기를 바랍니다.

지치고 바쁜 삶 속에서 자기 자신에게 시들지 않는 꽃을 선물해 보는 건 어떨까요?
꽃을 만들면서 언제나 행복하시기를 바랍니다.

목차

Part 2　Interior

Part 3　Party

시작하기 전에

본격적으로 클레이 플라워를 만들기 전에 필요한 도구 및 재료, 기본 테크닉 등을 소개합니다. 간단한 사항만 익히면 그 어떤 재료보다도 다루기 쉬운 클레이로 세상에 단 하나뿐인 아름다운 꽃을 직접 만들 수 있습니다.

일러두기

1. 클레이 색상을 만들 때는 12p를 참고해서 원하는 색상으로 조색하여 사용합니다.

2. 본문 준비물에 있는 '오일'은 클레이 반죽을 만들 때(14p 참고)나 조색할 때, 클레이가 손에 달라붙을 때 조금씩 넣어 사용합니다.

3. 본문 과정에 제시된 클레이의 크기(cm×cm)는 가로×세로의 길이입니다.

재료 및 도구

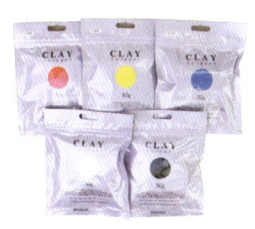

클레이(전문가용 클레이)

인체에 무해한 인조 점토로, 공기 중에서 잘 굳기 때문에 밀봉해서 보관해야
합니다.

펜치

철사 끝을 구부리거나 자를 때 사용합니다.

가위

클레이를 자를 때 사용합니다. 이 책에서는 공예용 가위를 사용했는데, 끝부
분이 일반 가위보다 뾰족하고 얇아서 작고 세밀한 부분을 자를 때 편리합니다.
공예용 가위가 없다면 일반 문구용 가위를 사용해도 괜찮습니다.

대나무 꼬치

작은 꽃잎을 얇게 펼 때 사용합니다.

페탈베이너

꽃잎을 얇게 펴거나 꽃잎 끝부분에 프릴을 만들 때 사용합니다.

폼패드

꽃잎에 잎맥을 깊게 그리거나 입체감을 줄 때 꽃잎 아래에 받쳐서 사용합니다.

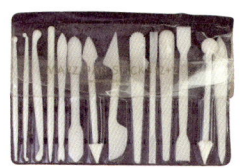

마지팬 도구

꽃잎과 잎을 자르거나 펴는 등 원하는 모양을 만들 때 사용합니다.

휠툴

꽃잎이나 잎을 원하는 모양으로 자를 때 사용합니다. 마지팬 도구나 가위로 대체 가능합니다.

붓

꽃이나 잎에 물감을 칠할 때 사용합니다. 이 책에서는 얇은 붓과 납작한 붓 두 종류의 붓을 사용했습니다.

밀대

클레이를 얇게 밀 때 사용합니다.

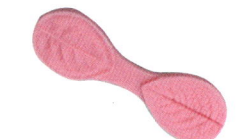

장미 잎 베이너

잎을 장미 잎 베이너에 올려놓고 반을 접어 꾹 누르면 자연스러운 잎 문양을 만들 수 있습니다.

프릴 커터

카네이션, 클레이 머핀, 클레이 쿠키 등을 만들 때 사용합니다.

스위트피 커터

스위트피 꽃잎을 자를 때 사용합니다.

장미 커터

장미, 라넌큘러스, 모란, 아네모네 등 여러 가지 꽃잎을 자를 때 사용합니다. 이 책에서는 1.4cm×1.5cm, 2cm×2.2cm, 2.7cm×3cm, 3.3cm×3.5cm, 4cm×4.5cm 크기를 사용했습니다.

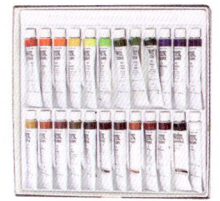

물감

꽃잎이나 잎에 색을 칠할 때 필요하며, 수채화 물감 또는 아크릴 물감을 사용합니다.

오일

클레이가 손에 달라붙거나 빨리 굳는 것을 방지하기 위해 클레이에 소량씩 넣어 사용합니다. 바디 오일 또는 무색 식용유를 사용하면 됩니다.

목공 풀

클레이가 굳어서 잘 붙지 않을 경우 목공 풀을 사용합니다. 목공 풀은 다 마른 뒤에 투명해집니다.

철사

꽃의 줄기를 만들 때 사용하며 꽃의 크기에 따라 두께가 조금씩 달라집니다. 이 책에서는 16호, 18호, 21호, 27호를 사용했습니다.

조화

클레이 플라워끼리 엮을 때 사이사이에 같이 넣고 엮습니다.

꽃술(깨씨)

꽃 가운데 수술을 만들 때 사용합니다.

꽃 테이프

꽃의 줄기가 되는 철사에 감거나 꽃과 꽃을 엮을 때 사용합니다.

글루건

높은 온도로 플라스틱을 녹여서 물체를 접착하는 도구입니다. 고온으로 가열해 쓰는 도구이기 때문에 화상에 주의합니다.

페인팅 나이프

클레이 케이크, 클레이 머핀, 클레이 쿠키를 만들 때 사용합니다.

색상표

이 책에서는 기본 5색(빨간색, 노란색, 파란색, 흰색, 검정색)의 클레이를 조합해 클레이 플라워를 만들었습니다. 클레이는 형광색부터 주황색, 갈색, 초록색, 보라색 등 다양한 색상이 나오기 때문에 더 강렬한 색감의 꽃을 만들고 싶은 분들은 원하는 색상의 클레이를 자유롭게 선택해서 사용하면 됩니다.

진한 노란색		적갈색
녹색		자주색
진녹색		포도주 색
올리브 그린색		아이보리색
주홍색		연한 노란색
어두운 빨간색		하늘색
갈색		연두색

민트색

연한 올리브 그린색

라벤더 색

라일락 색

연분홍색

크림색

베이비핑크색

연지색

다홍색

새먼핑크색

주황색

---

01 클레이와 클레이는 서로 잘 붙기 때문에 따로 접착제가 필요 없지만, 굳어서 잘 붙지 않는다면 물이나 목공 풀을 발라서 붙입니다.

02 흰색 클레이의 양을 조절해 연한 색의 클레이 반죽을 만듭니다. 흰색 클레이를 많이 섞을수록 파스텔 톤의 클레이 반죽이 됩니다.

03 클레이는 온도에 민감해 겨울에는 빨리 굳고, 여름이나 장마철 같이 습도가 높은 환경에서는 잘 굳지 않는 점을 고려하여 작업합니다.

04 자외선에 오랫동안 노출되면 색이 변할 수 있으므로 장기간 보관 시에는 그늘에 보관합니다.

기본 테크닉

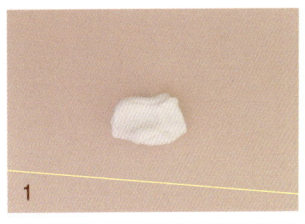
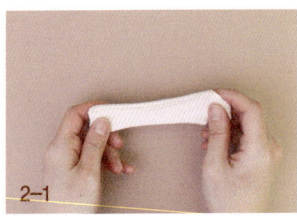
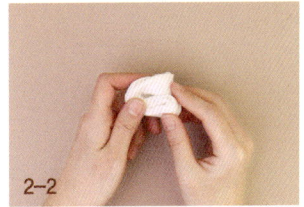

클레이 플라워 만들기에 최적화된 클레이 반죽 만들기

1 클레이를 공기 중에 잠깐 꺼내 놓아 살짝 건조 시킵니다.

2 클레이를 손으로 늘렸다가 합치기를 반복하 면서 클레이를 말랑말랑하게 만듭니다.

3 클레이에 오일을 2~3방울 떨어뜨리고 섞습 니다.

밀대로 밀기

1 클레이를 동그란 형태로 만듭니다.

2 손으로 눌러서 납작하게 만듭니다.

3 밀대로 얇고 균일하게 밉니다.

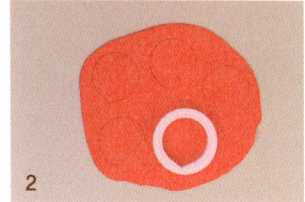

커터로 꽃잎 자르기

1 밀대로 클레이를 얇게 밉니다.

2 커터를 클레이 위에 올려놓고 꾹 누릅니다.

3 잘려진 꽃잎을 조심스럽게 빼냅니다.

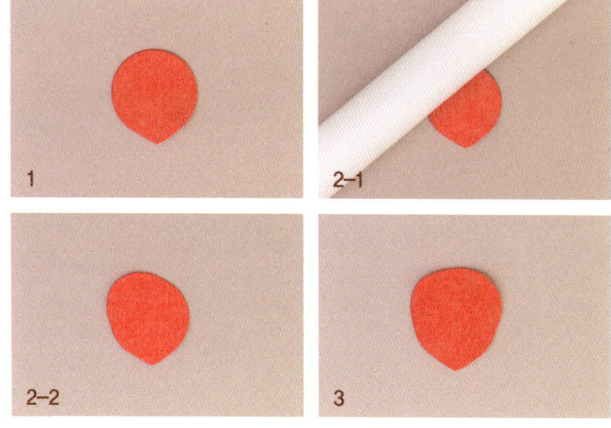

꽃잎 끝부분을 밀어 얇게 만들기

1 커터로 자른 꽃잎을 테이블 위에 올려놓습니다.

2 꽃잎 가운데를 중심으로 꽃잎 가장자리 한 쪽을 대각선 방향으로 밉니다.

3 반대편 부분도 똑같이 밉니다.

잎 다듬기

1 손가락으로 잎 뒤쪽의 가운데 부분을 접습니다.

2 잎 가장자리 부분을 뒤쪽으로 살짝 젖힙니다.

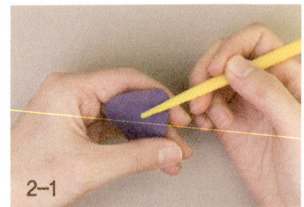

프릴 만들기

1 커터로 자른 꽃잎을 한손에 올려놓고 다른 손으로 페탈베이너를 잡습니다.

2 꽃잎 끝부분에 페탈베이너를 올리고, 꽃잎 가장자리를 따라 두 번 정도 반복해서 페탈베이너를 굴리듯이 움직입니다.

3 꽃잎을 조금씩 움직이며 프릴을 만듭니다.

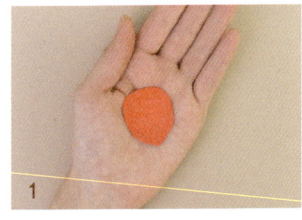
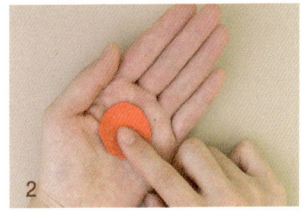

꽃잎에 입체감 주기

1 꽃잎을 손바닥의 움푹 파인 부분에 올려놓습니다.

2 검지로 꽃잎 가운데 부분에 원을 그리듯이 둥글게 문지릅니다.

3 손가락으로 꽃잎 끝부분을 뒤로 살짝 젖힙니다.

▌마지막 꽃잎을 첫 번째 꽃잎 사이에 넣기

1 클레이는 공기 중에서 빨리 굳기 때문에 꽃잎이 고정될 정도로만 살짝 눌러서 붙입니다. 작업한 꽃잎에 물기가 있다면 어느 정도 말린 다음 붙입니다.

2 철사로 첫 번째 꽃잎 옆 부분을 들어서 공간을 만듭니다.

3 마지막 꽃잎을 공간 사이에 넣어 붙입니다.

▌꽃 테이프로 줄기(철사) 감기

1 가위로 꽃 테이프를 세로로 반을 자릅니다.

2 꽃 테이프를 사선으로 잡아당기면서 줄기 부분에 감습니다. 양손을 팽팽하게 잡아당기면서 감아야 테이프가 풀리지 않습니다.

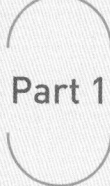

Part 1

Self - Wedding

장미 부토니에와 수국 부케, 스위트피 화관으로
당신의 소중한 하루를 더욱 특별하게 만들어보세
요. 직접 만든 플라워 소품과 함께라면 더욱 빛나고
기억에 남는 웨딩이 될 거예요.

장미 & 베리

Rose & Berry

'꽃'하면 가장 먼저 떠오르는 장미, 그만큼 많은 사람들의 사랑을 받는 꽃이죠. 색에 따라 다양한 꽃말을 가지고 있지만 그 중에서도 분홍 장미는 '맹세, 행복한 사랑'이라는 의미를 가지고 있어요. 연분홍 장미와 하얀 베리 열매의 조화로 행복한 결혼을 빛내줄 부토니에를 만들어보세요.

클레이 흰색, 분홍색(원하는 꽃잎 색), 올리브 그린색

도 구 오일, 펜치, 철사(18호), 갈색 철사(27호), 밀대, 장미 커터(3.3cm×3.5cm), 꽃 테이프(초록색, 갈색)

How to make

01 펜치로 18호 철사 끝을 구부려 9자 모양(지름 1cm)으로 만들어주세요.

02 흰색 클레이를 물방울 모양(1.5cm×2.5cm)으로 만들고 9자 모양의 철사 위에 꽂아 속심을 만들어주세요.

  tip 물방울 모양의 클레이가 다 마른 다음 꽃잎을 붙이는 것이 편하므로 하루 전날 작업해서 미리 말려둡니다.

03 분홍색 클레이를 1mm 두께로 얇게 밀어주세요.

04 장미 커터(3.3cm×3.5cm)로 꽃잎 11장을 자르고, 각 꽃잎의 둥근 면에서 양쪽 끝부분을 대각선 방향으로 밀어 더 얇게 만들어주세요.

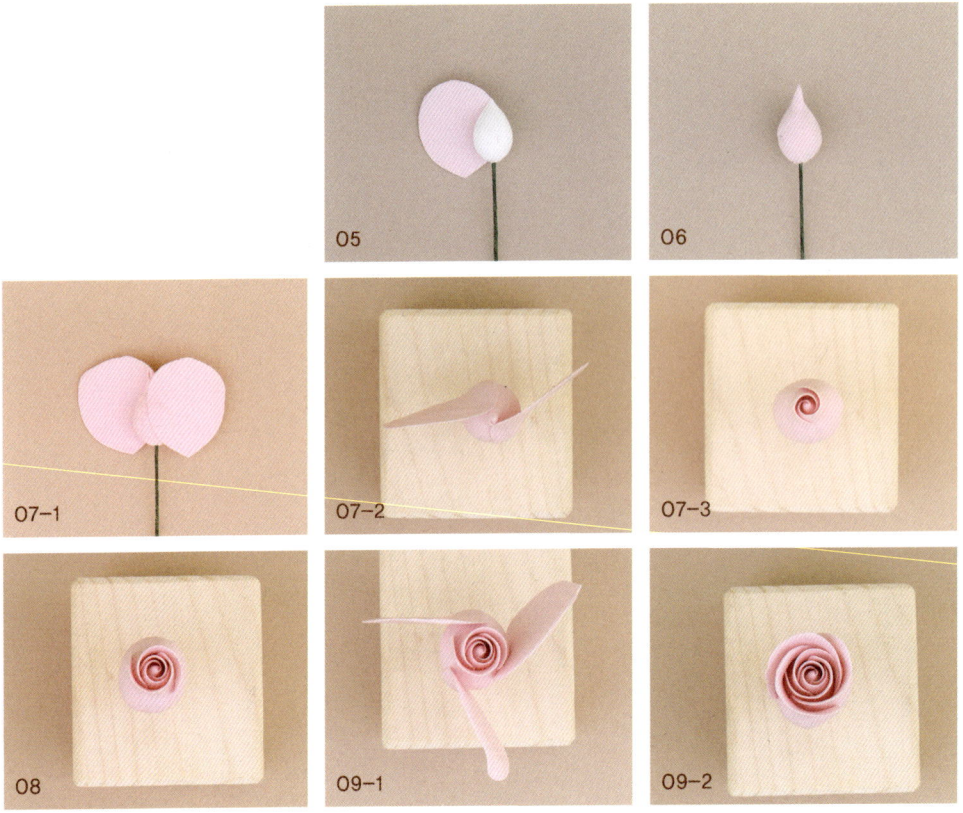

05 꽃잎 위에 속심을 올려 붙여주세요. 이때 꽃잎은 속심보다 살짝 높은 위치에 붙여주세요.

06 꽃잎을 옆으로 서서히 잡아당기면서 1바퀴 둘러 속심을 감싸주세요.

07 06번보다 살짝 높은 위치에 꽃잎 2장을 앞뒤로 엇갈리게 붙인 다음, 서서히 잡아당기면서 감싸
주세요.

08 07번과 동일한 방법으로 꽃잎 2장을 더 붙여주세요.

09 꽃잎 3장을 반시계방향으로 3등분 해서 붙이고 서서히 잡아당겨 감싸주세요.

10   나머지 3장의 꽃잎은 시계방향으로 3등분 해서 붙이고 잡아당겨 감싸주세요.

11   장미 커터(3.3cm×3.5cm)로 꽃잎 10장을 더 자르고, 각 꽃잎의 둥근 면에서 양쪽 끝부분을 대
     각선 방향으로 밀어 더 얇게 만들어주세요.

12   손바닥의 움푹 파인 부분에 꽃잎을 올려놓고, 꽃잎 가운데를 손가락으로 둥글게 문질러 꽃잎에
     입체감을 주세요.

13   엄지와 검지로 꽃잎의 윗면 양쪽 가장자리를 뒤로 젖혀주세요.

14   꽃잎 5장을 반시계방향으로 5등분 해서 붙이고, 벌어진 꽃잎의 옆부분과 밑부분을 붙여주세요.

15 나머지 5장의 꽃잎을 이전에 붙인 꽃잎과 엇갈리도록 5등분 해서 붙이고, 벌어진 꽃잎의 옆부분과 밑부분을 붙여주세요.

16 올리브 그린색 클레이를 물방울 모양(0.7cm×2cm)으로 5개 만들어주세요.

17 클레이를 손가락으로 눌러 납작하게 만들고 밀대로 얇게 밀어주세요.

18 15번의 장미 밑부분에 일정한 간격으로 붙여주세요.

19 줄기를 초록색 꽃 테이프로 감으면 완성입니다.

• 베리 만들기

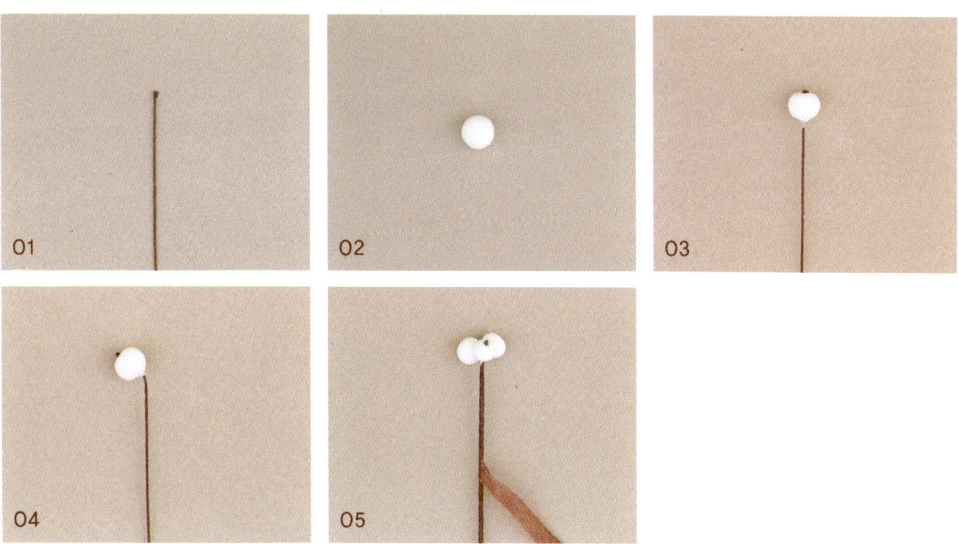

01   27호 갈색 철사를 원하는 길이로 잘라 3개를 준비하고 끝부분을 펜치로 구부려주세요.

02   흰색 클레이를 0.5~0.8cm 정도 크기로 동그랗게 만들어주세요. 각각 다른 크기로 총 3개를 만들어주세요.

03   동그란 클레이를 철사에 끼우고 윗부분까지 올려주세요.

04   열매가 굳으면 열매 바로 밑부분의 철사를 꺾어주세요. 03~04번 작업을 반복하여 총 3개를 만들어주세요.

05   열매를 합친 다음 줄기를 갈색 꽃 테이프로 감으면 완성입니다.

라넌큘러스

Ranunculus

300장이 넘는 하늘하늘한 꽃잎이 겹겹이 둘러싸여 있는 라넌큘러스는 얼핏 보면 장미 같기도 합니다. 꽃잎이 차례대로 한 장 한 장 활짝 피어나는 모습이 매혹적인 라넌큘러스로 팔찌를 만들어 화사한 분위기를 연출해보세요.

클레이 흰색, 연한 올리브 그린색, 연분홍색

도 구 오일, 펜치, 철사(18호), 밀대, 장미 커터(1.4cm×1.5cm/2cm×2.2cm/2.7cm×3cm/3.3cm×3.5cm/4cm×4.5cm)

How to make

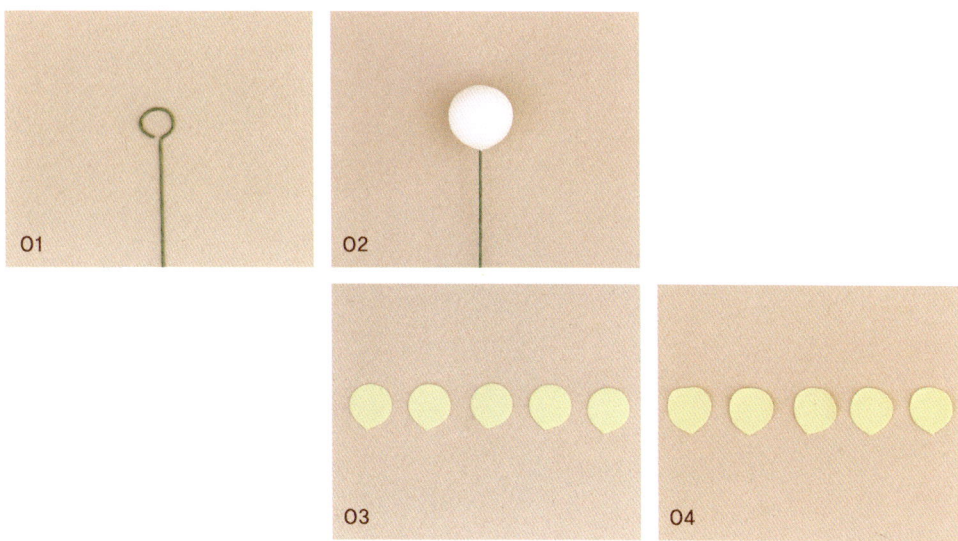

01 펜치로 18호 철사를 구부려 9자 모양(지름 1cm)을 만들어주세요.

02 흰색 클레이를 2.5cm×2cm 크기로 동그랗게 만든 다음 9자 모양의 철사 위에 꽂아주세요.
　tip 동그란 클레이가 다 마른 다음에 꽃잎을 붙이는 것이 편하므로 하루 전날 작업해서 미리 말려둡니다.

03 연한 올리브 그린색 클레이를 1mm 두께로 얇게 민 다음, 장미 커터(1.4cm×1.5cm)로 꽃잎 5장을 잘라주세요.
　tip 라넌큘러스는 꽃잎을 얇게 밀어서 작업하는 꽃이기 때문에 반죽할 때 오일을 넉넉히 넣어서 섞어야 합니다.

04 각 꽃잎의 둥근 면에서 양쪽 끝부분을 대각선 방향으로 더 얇게 밀어주세요.

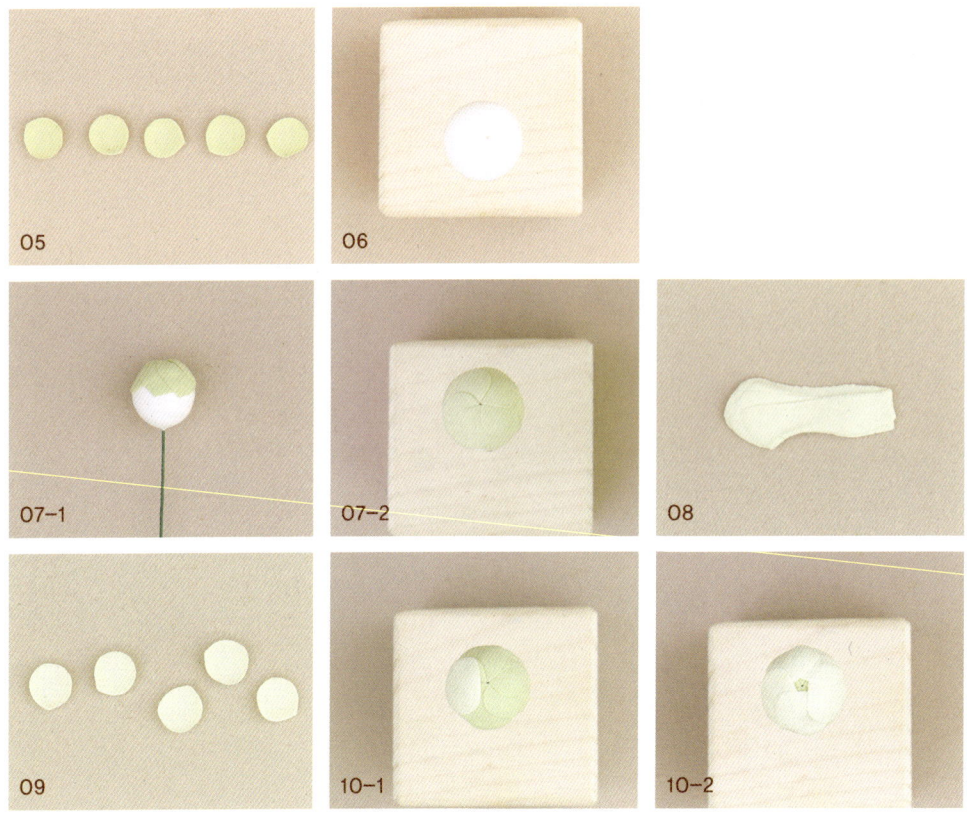

05 손바닥 가운데 움푹 파인 곳에 꽃잎을 올려놓고, 꽃잎의 가운데를 손가락으로 둥글게 문질러 입
체감을 주세요.

   tip 입체감을 표현하는 과정으로, 꽃잎을 그릇 모양으로 만든다고 생각하면 보다 쉽습니다.

06 02번 클레이의 윗부분을 철사로 눌러 중앙을 표시해주세요.

07 표시한 부분을 중심으로 05번의 꽃잎 5장을 클레이에 둘러가며 붙여주세요. 이때 흰색 클레이
가 보이지 않도록 밀착시켜 붙이고, 마지막 꽃잎은 첫 번째 꽃잎 아래에 넣어주세요.

   tip 꽃잎이 말라서 잘 안 붙는다면 꽃잎 밑부분에 물을 살짝 묻힌 뒤 붙이면 잘 붙습니다.

08 연한 올리브 그린색 클레이에 흰색 클레이를 섞어 더 연한 색을 만들어주세요.

09 08번 클레이를 1mm 두께로 얇게 밀고 장미 커터(1.4cm×1.5cm)로 꽃잎 5장을 자른 다음
04~05번 과정을 반복해주세요.

10 09번 꽃잎 1장을 07번에서 붙인 꽃잎이 아주 조금만 보이도록 꽃잎과 꽃잎 사이에 붙여주세요.
나머지 4장의 꽃잎도 주변을 둘러가며 붙이고, 마지막 꽃잎은 첫 번째 꽃잎 아래에 넣어주세요.

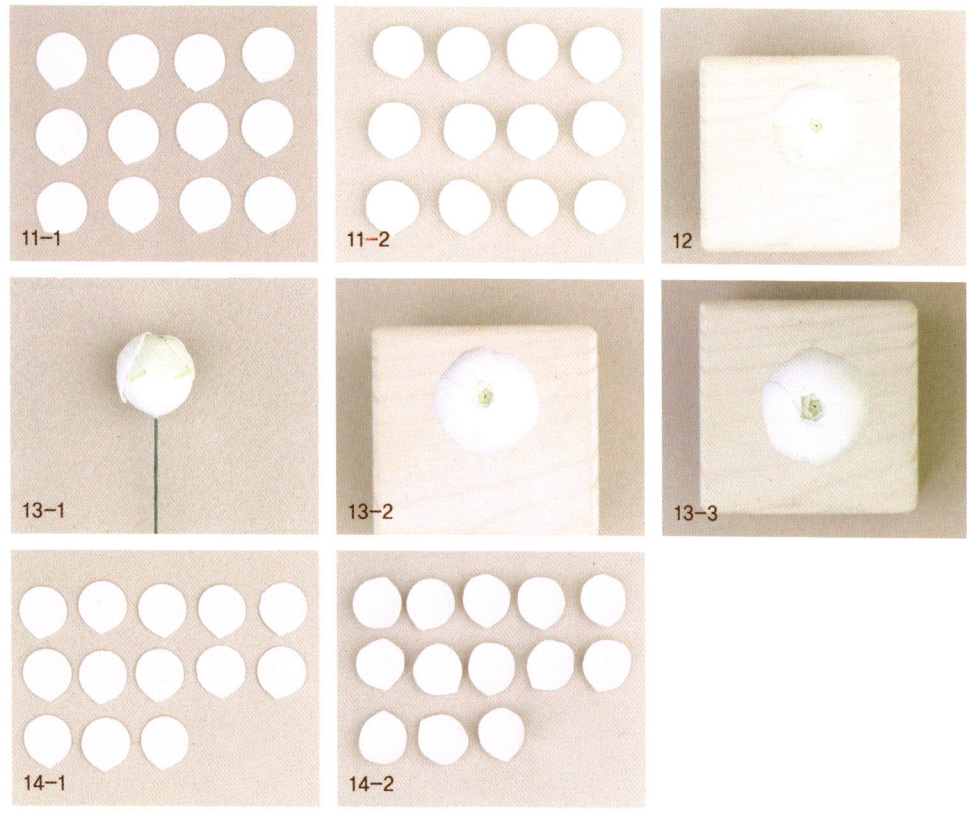

11　흰색 클레이를 1mm 두께로 얇게 밀고, 장미 커터(2cm×2.2cm)로 꽃잎 12장을 자른 다음 04~05번 과정을 반복해주세요.

12　10번에서 붙인 꽃잎이 조금만 보이도록 꽃잎과 꽃잎 사이에 흰색 꽃잎 1장을 붙여주세요.

13　이어서 꽃잎 5장을 주변을 둘러가면서 사진과 같이 붙이고, 그 위에 남은 6장의 꽃잎을 같은 방법으로 둘러가며 붙여주세요.

14　연분홍색 클레이를 1mm 두께로 얇게 밀어 장미 커터(2.7cm×3cm)로 꽃잎 13장을 자르고 04~05번 과정을 반복해주세요.

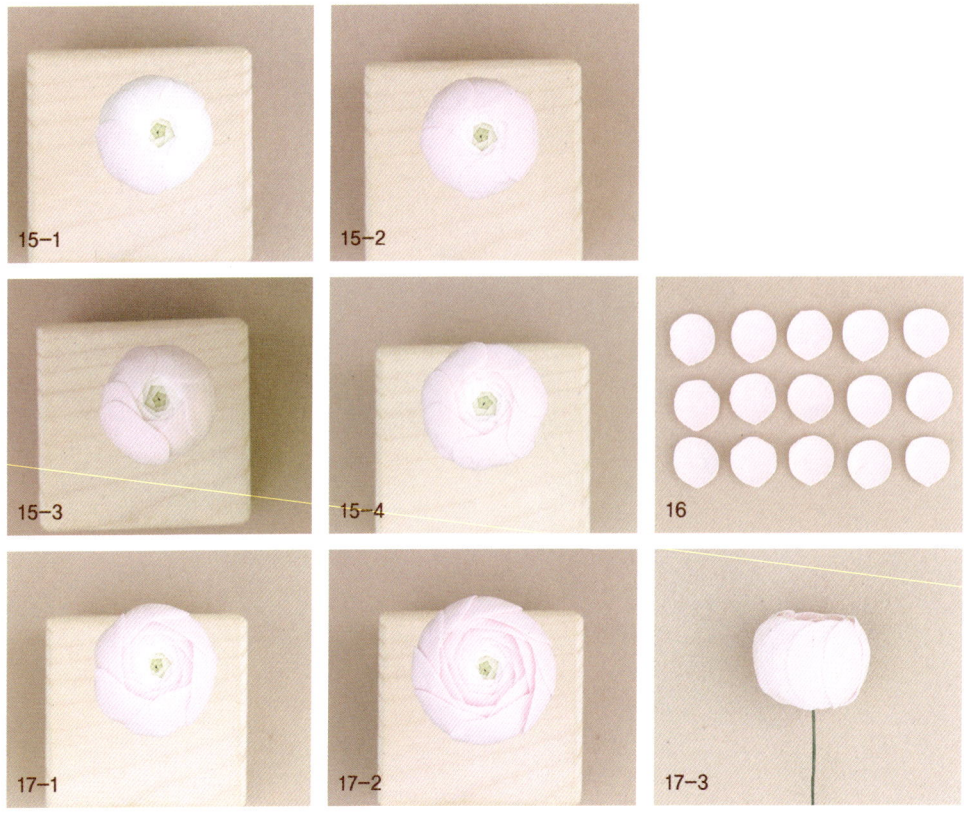

15 13번에서 붙인 꽃잎이 조금만 보이게 꽃잎과 꽃잎 사이에 연분홍색 꽃잎 1장을 붙이고, 꽃잎 5장을 주변을 둘러가면서 붙여주세요. 그 위에 남은 7장의 꽃잎도 동일한 방법으로 붙여주세요.

16 연분홍색 클레이를 1mm 두께로 얇게 밀어 장미 커터(3.3cm×3.5cm)로 꽃잎 15장을 자르고, 04~05번 과정을 반복해주세요.

17 15번에서 붙인 꽃잎들 사이에 꽃잎 1장을 먼저 붙이고, 꽃잎 5장을 주변에 둘러서 붙여주세요. 남은 9장의 꽃잎도 동일한 방법으로 붙여주세요.

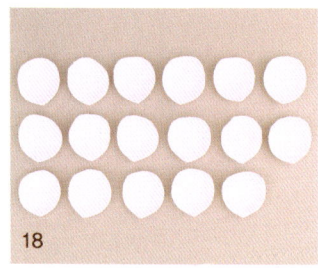

18 연분홍색 클레이를 1mm 두께로 얇게 밀어 장미 커터(4cm×4.5cm)로 꽃잎 17장을 자르고, 04~05번 과정을 반복해주세요.

19 17번에서 붙인 꽃잎들 사이에 꽃잎 1장을 먼저 붙이고, 꽃잎 7장을 주변에 둘러서 붙여주세요. 높이를 살짝 낮춰서 남은 9장의 꽃잎도 동일한 방법으로 붙이면 완성입니다.

수국

Hydrangea

탐스럽게 피는 초여름의 꽃, 수국입니다. 소담스럽게 고개를 내밀고 피어나는 모습이 참 어여쁜 꽃이에요. 짙은 보라색으로 만든 수국 미니부케로 새하얀 신부의 드레스를 더욱 빛나고 돋보이게 연출해주세요.

클레이 보라색(원하는 꽃잎 색)

도 구 오일, 펜치, 철사(27호), 가위, 페탈베이너, 꽃 테이프, 수채화 물감(아크릴 물감), 붓

How to make

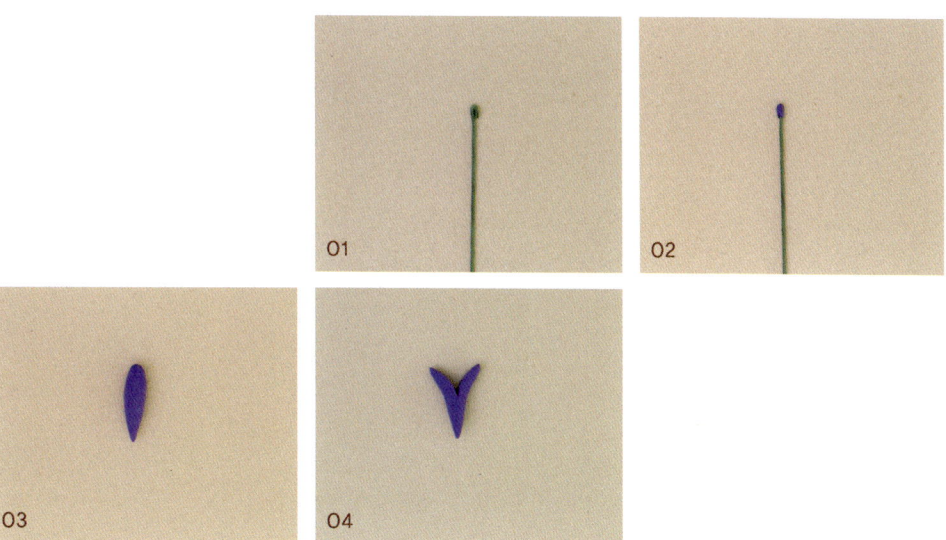

01 27호 철사 끝부분을 펜치로 구부려주세요.

02 보라색 클레이 소량을 철사의 구부러진 부분을 감싸듯이 붙여서 수술을 만들어주세요.

  tip 꽃 수술은 최대한 작게 만들어야 완성했을 때 예쁩니다.

03 보라색 클레이로 물방울 모양(0.7cm × 2cm)을 만들어주세요.

  tip 물방울 모양의 크기가 크면 큰 수국이 되고, 작으면 작은 수국이 됩니다.

04 가위로 클레이의 둥근 부분을 반으로 자르고 펼쳐주세요.

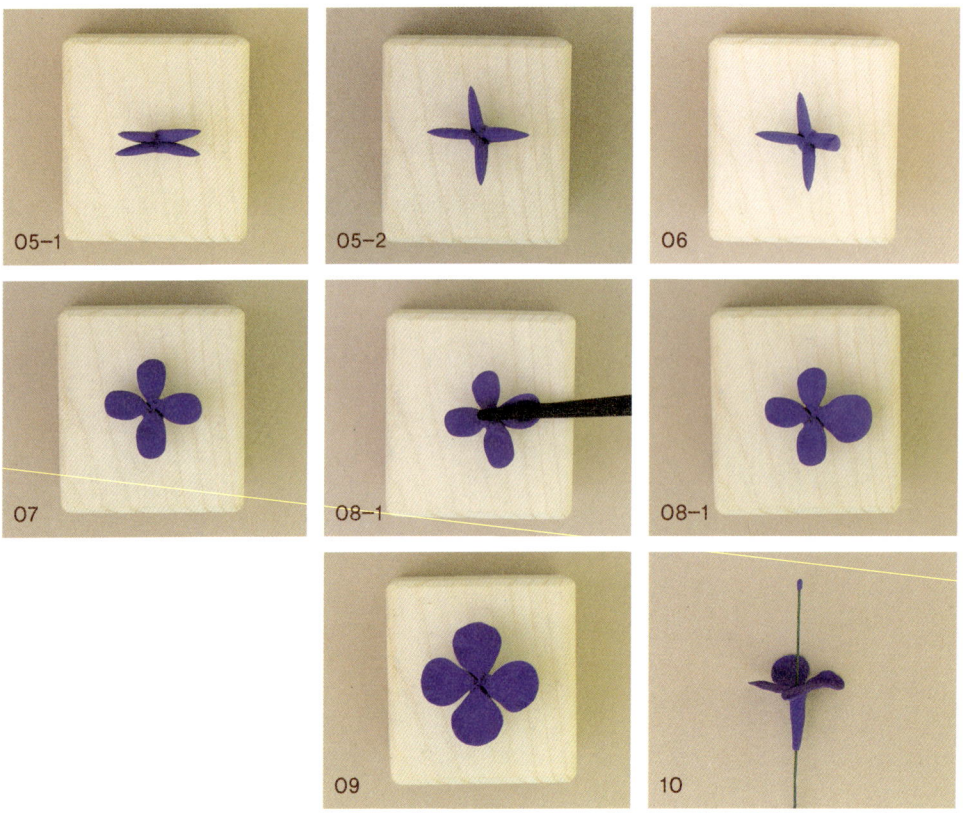

05 자른 부분을 각각 다시 반으로 잘라 4개의 꽃잎을 만들고, 십자(十) 모양으로 벌려주세요.

06 꽃잎의 끝부분을 안쪽으로 말아주세요.

07 말아준 꽃잎을 엄지와 검지로 꾹 눌러서 물방울 모양으로 얇게 펴주세요.

08 한손으로 꽃잎을 지탱한 다음 페탈베이너를 이용해 꽃잎을 더 얇게 펴주세요. 안쪽 가운데 부분
    부터 가장자리 방향으로 펴고, 가장자리 부분은 도구를 살짝 세워 작업해주세요.

09 나머지 3장의 꽃잎도 08번 과정을 반복해주세요.

10 02번의 수술 철사에 09번의 수국을 끼워주세요. 철사에 끼울 때 손가락으로 꽃잎을 가운데로
    서서히 모아가면서 위로 조금씩 올려주세요.

11 수국을 수술 부분까지 올린 뒤 수국과 철사의 경계 부분을 다듬어주세요. 만약 경계 부분의 클레이가 너무 길면 가위로 잘라내고 다듬어주세요.

12 손가락으로 수국의 꽃잎 모양을 예쁘게 정리해주세요.

13 줄기를 꽃 테이프로 감아주세요.

14 꽃잎 색보다 진한 색 또는 다른 색 물감으로 꽃잎의 가장자리를 살짝 칠해주세요.

15 붓을 수직으로 세워서 물감을 각 꽃잎의 안쪽에서 바깥 방향으로 자연스럽게 칠해주세요.

16 수국의 철사 경계 부분에서 위쪽 방향으로 물감을 조금씩 칠하면 완성입니다.

부케
Bouquet

조화, 흰 장미 4송이, 분홍 장미 4송이, 라넌큘러스 2송이, 수국 6송이, 베리 3묶음, 가위, 철사(18호), 꽃 테이프, 리본, 레이스, 글루건 또는 양면테이프

01 조화의 잎과 꽃을 쓸 부분만 가위로 잘라서 18호 철사 끝에 두고 꽃 테이프로 감아 고정해주세요.

02 장미의 높이를 서로 다르게 배치한 뒤 아래쪽 철사를 꽃 테이프로 감아 하나의 묶음으로 만들어주세요.

03 라넌큘러스 두 송이를 꽃 테이프로 감아 고정해주세요.

04 수국을 세 송이씩 꽃 테이프로 감아 고정하고, 베리도 준비해주세요.

05-1 05-2 06

07-1 07-2 08

09

05 베리를 장미 사이사이에 배치하고 꽃 테이프로 엮어주세요.

06 장미 묶음과 라넌큘러스 묶음을 하나로 엮어주세요.

07 꽃들 사이의 비어보이는 공간에 수국을 넣고, 가장자리 또는 꽃들 사이에 조화 잎을 배치해 엮어 주세요.

08 아래쪽 철사 부분을 꽃 테이프로 감아 한 묶음으로 고정한 뒤, 철사 끝을 같은 높이로 깔끔하게 잘라주세요.

09 부케에 잘 어울리는 레이스나 리본을 줄기 가운데에 글루건 또는 양면 테이프로 고정해 장식하면 완성입니다.

작약

Peony

꽃이 크고 탐스러워서 함박꽃이라고도 불리는 작약입니다. 화려한 모습과는 어울리지 않게 '수줍음'이라는 꽃말을 가지고 있어요. 작약 케이크 토퍼만 있으면 아무리 밋밋한 케이크라도 화려하게 변신시켜줄 수 있답니다.

클레이 흰색, 연분홍색(원하는 꽃잎 색)

도 구 오일, 펜치, 철사(18호), 밀대, 장미 커터(2cm×2.2cm/2.7cm×3cm/3.3cm×3.5cm/4cm×4.5cm), 휠툴, 페탈
베이너

How to make

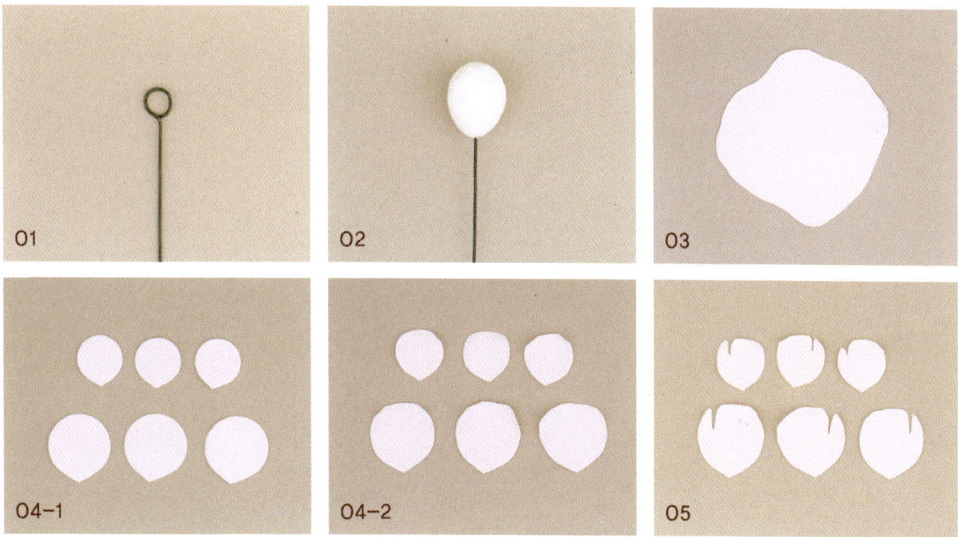

01 펜치로 18호 철사 끝을 구부려 9자 모양(지름 1cm)으로 만들어주세요.

02 흰색 클레이를 동그란 모양(2.5cm×2.8cm)으로 만든 다음 9자 모양의 철사 위에 꽂아주세요.
    tip 동그란 클레이가 다 마른 다음 꽃잎을 붙이는 것이 편하므로 하루 전날 작업해서 미리 말려둡니다.

03 연분홍색 클레이를 1mm 두께로 얇게 밀어주세요.

04 장미 커터(2cm×2.2cm, 2.7cm×3cm)로 각각 3장씩 꽃잎 총 6장을 자르고, 각 꽃잎의 둥근 면
    에서 양쪽 끝부분을 대각선 방향으로 밀어서 더 얇게 만들어주세요.

05 휠툴로 각 꽃잎의 가장자리 한 쪽을 사진과 같은 모양으로 자르고, 각 꽃잎의 양쪽 끝부분을 대
    각선 방향으로 한 번 더 밀어서 더 얇게 만들어주세요.

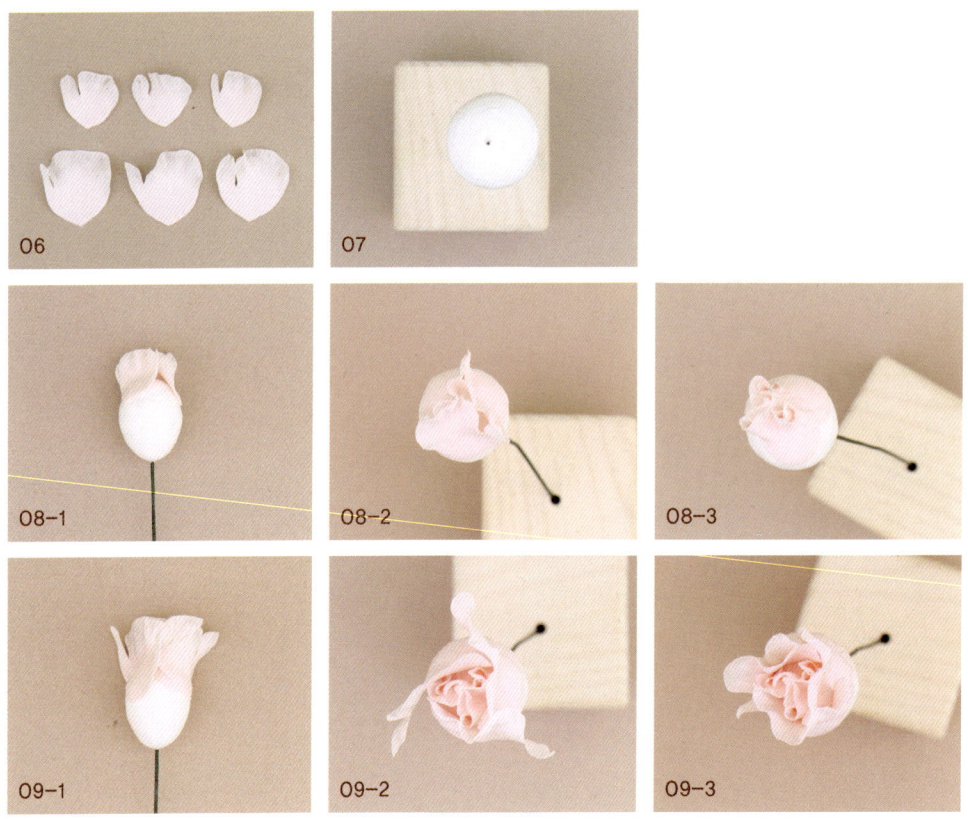

06　꽃잎 끝부분을 페탈베이너로 밀어 프릴을 만들어주세요.

07　02번 클레이의 윗부분을 철사로 눌러 중앙을 표시해주세요.

08　표시한 부분을 중심으로 작은 꽃잎 3장을 3등분 해서 붙이고, 꽃잎 가장자리를 손가락으로 매만져
　　가운데로 모아주세요.

　　tip 잘 붙지 않는다면 동그란 클레이에 물을 살짝 묻혀서 작업합니다.

09　08번에서 붙인 꽃잎보다 높이를 조금 낮춰 남은 큰 꽃잎 3장을 3등분 해서 붙이고, 꽃잎을 가운
　　데로 모아주세요.

10 연분홍색 클레이를 1mm 두께로 얇게 밀어 장미 커터(2.7cm×3cm)로 꽃잎 9장을 자르고, 04~06번 과정을 반복해주세요.

11 09번 꽃에 꽃잎 4장을 일정한 간격으로 붙이고, 남은 꽃잎 5장은 높이를 살짝 낮춰 붙여주세요.

12 연분홍색 클레이를 1mm 두께로 얇게 밀어 장미 커터(3.3cm×3.5cm)로 꽃잎 11장을 자르고, 04~06번 과정을 반복해주세요.

13 11번 꽃에 꽃잎 5장을 일정한 간격으로 붙이고, 남은 꽃잎 6장은 높이를 살짝 낮춰 붙여주세요.

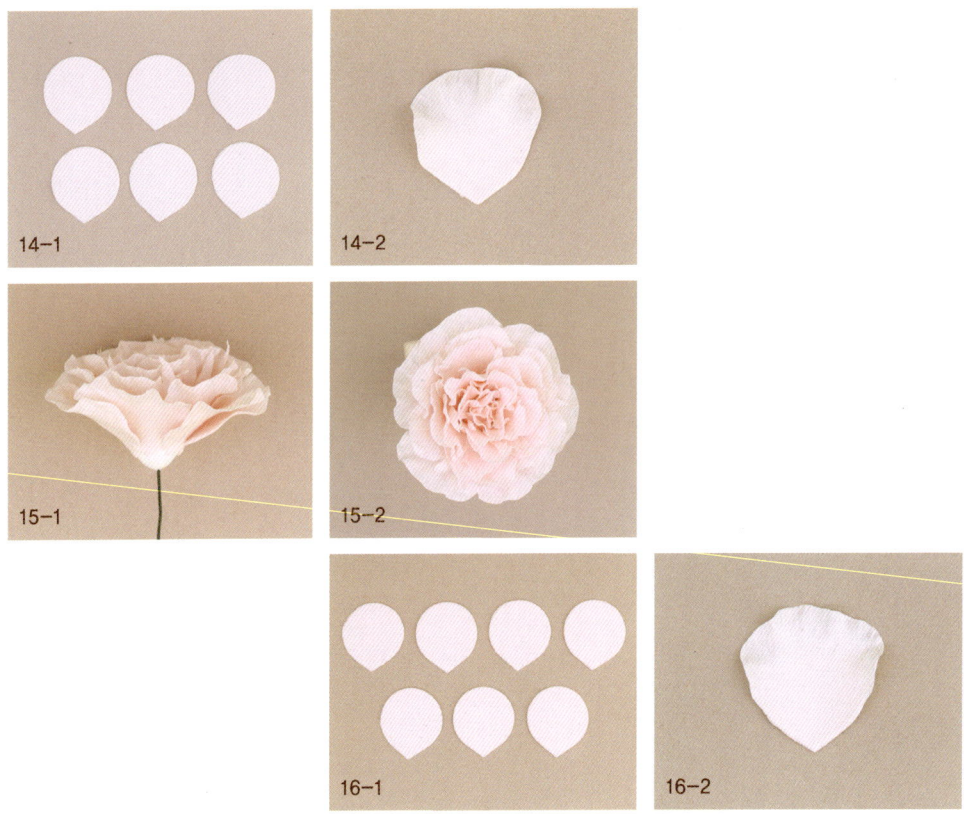

14   연분홍색 클레이를 1mm 두께로 얇게 밀어 장미 커터(4cm×4.5cm)로 꽃잎 6장을 잘라주세요. 둥근 면의 양쪽 끝부분을 대각선 방향으로 밀어 얇게 만들고 페탈베이너로 프릴 작업을 해주세요.

    tip 이 과정에서는 휠툴로 꽃잎을 자르지 않습니다.

15   13번 꽃에 꽃잎 6장을 높이를 살짝 낮춰서 붙여주세요.

16   연분홍색 클레이를 1~2mm 두께로 밀어 장미 커터(4cm×4.5cm)로 꽃잎 7장을 잘라주세요. 둥근 면의 양쪽 끝부분을 대각선 방향으로 밀어 얇게 만들고 페탈베이너로 프릴 작업을 해주세요.

17 꽃잎의 프릴이 없는 부분을 살살 늘려 길게 만든 다음, 손바닥 가운데 움푹 파인 곳에 올려놓고
꽃잎 가운데를 손가락으로 둥글게 문질러 입체감을 주세요.

18 작업을 마친 꽃잎 7장을 15번 꽃에 높이를 살짝 낮춰 일정한 간격으로 붙여주세요. 마지막 꽃잎
은 첫 번째 붙인 꽃잎 아래로 넣으면 완성입니다.

  tip 꽃잎의 두께와 꽃잎 사이 공간에 따라 마지막에 필요한 꽃잎 수량은 적거나, 많아질 수 있습니다.

  tip 작약은 여러 장의 꽃잎이 겹쳐지며 자연스럽게 그러데이션 효과가 생기므로 색 작업은 생략해도 됩니다.

백합 *Lily*

순백색의 꽃잎과 진한 향기가 고귀한 느낌을 주는 백합은 그 모습과 어울리는 '순결, 변함없는 사랑'이라는 꽃말을 가지고 있는데요. 백합으로 케이크 위를 장식하여 고급스러운 분위기를 연출해보세요.

클레이 흰색, 적갈색

도 구 오일, 흰색 철사(21호, 27호), 밀대, 휠툴, 펜치, 폼패드, 마지팬 도구, 페탈베이너, 수채화 물감(아크릴 물감),
붓, 꽃 테이프

How to make

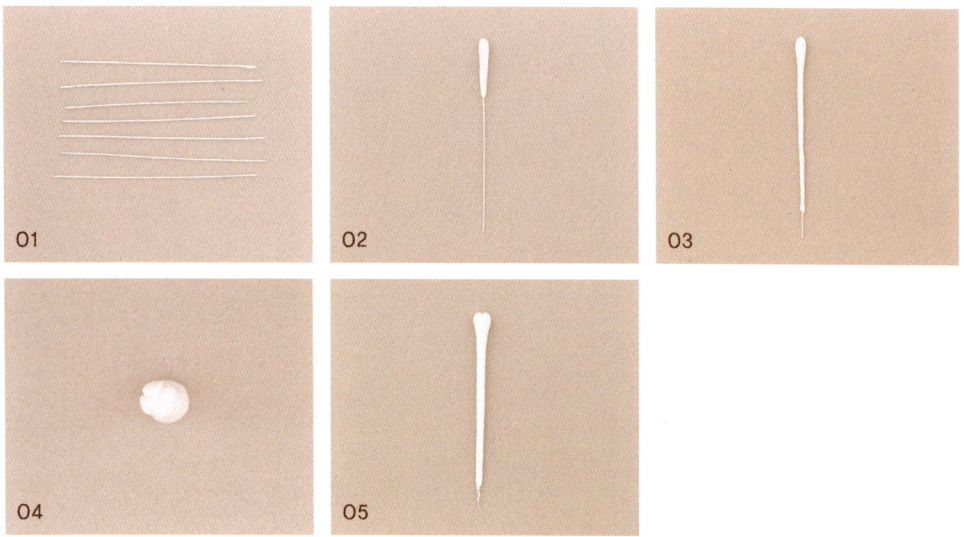

01   27호 흰색 철사를 8cm 길이로 잘라 7개를 준비해주세요.

02   흰색 클레이로 물방울 모양(0.4cm×2cm)을 만들어서 흰색 철사 1개에 끼워주세요.
    tip 클레이에 끈적임이 있어야 철사에 잘 붙어 작업하기 편하므로 이 과정에는 오일을 섞지 않습니다.

03   윗부분은 둥글게 다듬고, 클레이를 밑으로 조금씩 늘리면서 끌어 내려주세요.

04   휠툴로 윗면의 둥근 부분에 십자(十) 모양을 그어 암술대를 완성해주세요.

05   암술대를 테이블 위에 올려놓고 손가락으로 굴려 표면을 매끄럽게 다듬어주세요.
    tip 클레이가 마르면 표면에 주름이 생기고 철사에 붙지 않기 때문에 빠르게 작업하는 것이 중요합니다.

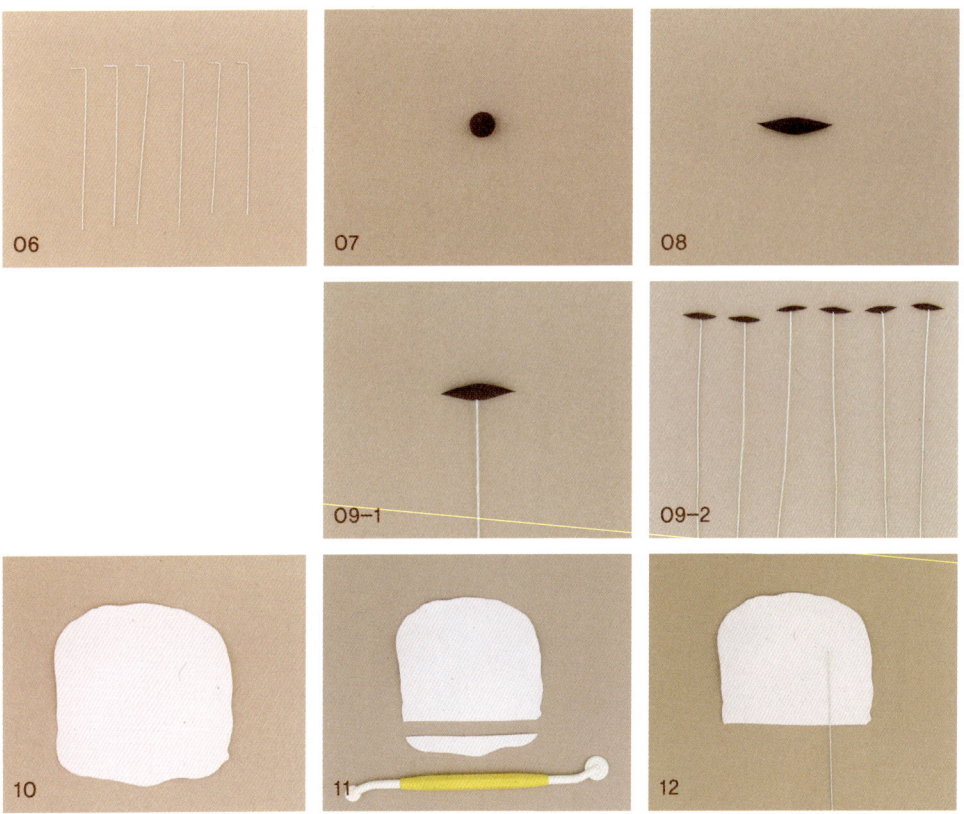

06 펜치로 남은 철사 6개의 끝부분을 직각으로 구부려주세요.

07 적갈색 클레이를 아주 소량 떼어서 손바닥 위에 올려놓고, 손가락으로 굴려 동그랗게 만들어주세요.

08 동그란 클레이의 양쪽을 밀어 가운데 부분은 도톰하고 양쪽 끝부분은 뾰족하게 꽃밥을 만들어주세요.

09 06번에서 구부린 철사 끝부분에 꽃밥을 중앙에 맞춰 끼워 넣고, 철사가 보이지 않게 잘 다듬어주세요. 동일한 방법으로 총 6개의 백합 수술을 만들어주세요.

10 흰색 클레이를 2cm 정도 크기로 동그랗게 만든 다음 밀대로 얇게 밀어주세요.

11 휠툴로 밑부분을 일자로 잘라주세요. 대략 9cm×7.5cm 크기로 만들어주세요.

12 27호 흰색 철사를 클레이의 밑에서부터 2/3 지점에 올려놓고 살짝 눌러 고정해주세요.

15번 참고 도안

13 철사가 가운데에 위치하도록 클레이를 반 접어서 누르고, 각 모서리를 잘라 팔각형 모양으로 만들어주세요.

14 철사가 없는 부분을 밀대로 다시 한 번 밀고, 원하는 백합 잎 크기로 잘라주세요.

    tip 백합 꽃잎은 다른 꽃에 비해 두꺼운 편이므로 너무 얇게 밀지 않습니다.

15 백합 꽃잎을 폼패드 위에 올려놓고, 마지팬 도구로 백합 잎 중앙의 철사를 중심으로 선을 두 줄 그어주세요.

16 백합 꽃잎을 손에 올려놓고, 페탈베이너를 눕혀 꽃잎 안쪽부터 끝부분까지 살짝 밀어 자연스러운 프릴을 만들어주세요. 이때 프릴이 너무 많이 생기지 않게 주의해주세요.

17 꽃잎 뒷면에서 철사가 있는 부분을 밑에서 1/3지점까지 살짝 접어 꽃잎에 입체감을 주고, 꽃잎 앞면에서 양옆과 윗부분을 살짝 뒤로 젖혀주세요. 10~17번 과정을 반복하여 총 6장의 꽃잎을 만들어주세요.

18 꽃잎 중앙에 아래에서 위쪽 방향으로 올리브 그린색 물감을 칠해주세요.

19 올리브 그린색 물감으로 05번의 암술대 전체를 연하게 칠해주세요. 그다음 암술머리와 암술대 경계선까지 적갈색 물감을 연하게 칠하고, 암술머리 윗부분은 진하게 칠해주세요.

   tip 물감의 양이 많으면 표면에 광택이 나는 효과를 볼 수 있습니다.

20 암술대 아래쪽에 21호 철사를 연결하고, 암술을 중심으로 09번의 수술을 일정한 간격으로 두른 후 꽃 테이프로 감아서 고정해주세요.

21 18번의 백합 꽃잎 3장을 수술을 중심으로 일정한 간격으로 배치하고, 꽃 테이프를 감아 엮어주세요.

22 남은 꽃잎 3장은 살짝 높이를 낮춰서 일정한 간격으로 배치한 뒤, 꽃 테이프로 엮어주면 완성입니다.

모란 *Peony*

꽃 중의 왕이라 불리는 모란은 크고 화려한 모습 때문에 부귀화라는 별명을 가지고 있어요.
그래서 옛날 왕비나 공주와 같은 귀한 신분을 가진 여인들의 옷에 모란 무늬를 수놓았다고
합니다. 이렇게 화려한 모란으로 링필로우를 만들어 웨딩 소품에 화려함을 더해보세요.

링필로우 : 결혼식에서 반지를 교환할 때 사용하는 소품으로, 작은 쿠션 위에 반지를 얹거나 고정시켜 사용합니다.
화동이 들고 입장하여 주례 또는 신랑에게 전달합니다.

클레이 연한 올리브 그린색, 노란색, 연한 회색(원하는 꽃잎 색)

도 구 오일, 펜치, 철사(18호 또는 21호), 밀대, 가위, 휠톨, 장미 커터(2.7cm×3cm/3.3cm×3.5cm/4cm×4.5cm),
페탈베이너, 수채화 물감(아크릴 물감), 붓

How to make

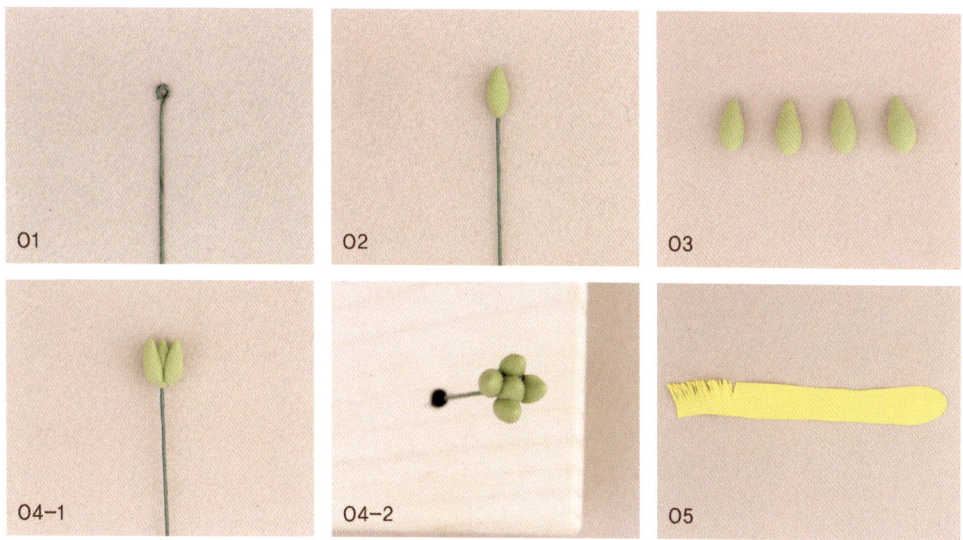

01 18호나 21호 철사 끝부분을 펜치로 구부려서 작은 9자 모양을 만들어주세요.

02 연한 올리브 그린색 클레이를 물방울 모양(0.4cm×1cm)으로 만들어서 뾰족한 부분이 위로 오
도록 철사에 끼워주세요.

03 같은 크기로 물방울 모양 4개를 더 만들어주세요.

04 03번의 4개의 물방울 모양 클레이를 02번 철사에 같은 높이로 붙여 암술을 만들어주세요.

05 노란색 클레이를 1mm 두께로 얇게 밀어 15cm×2cm 정도로 길게 만든 다음, 긴 면을 가위를
이용해 1mm 간격으로 잘게 잘라주세요.

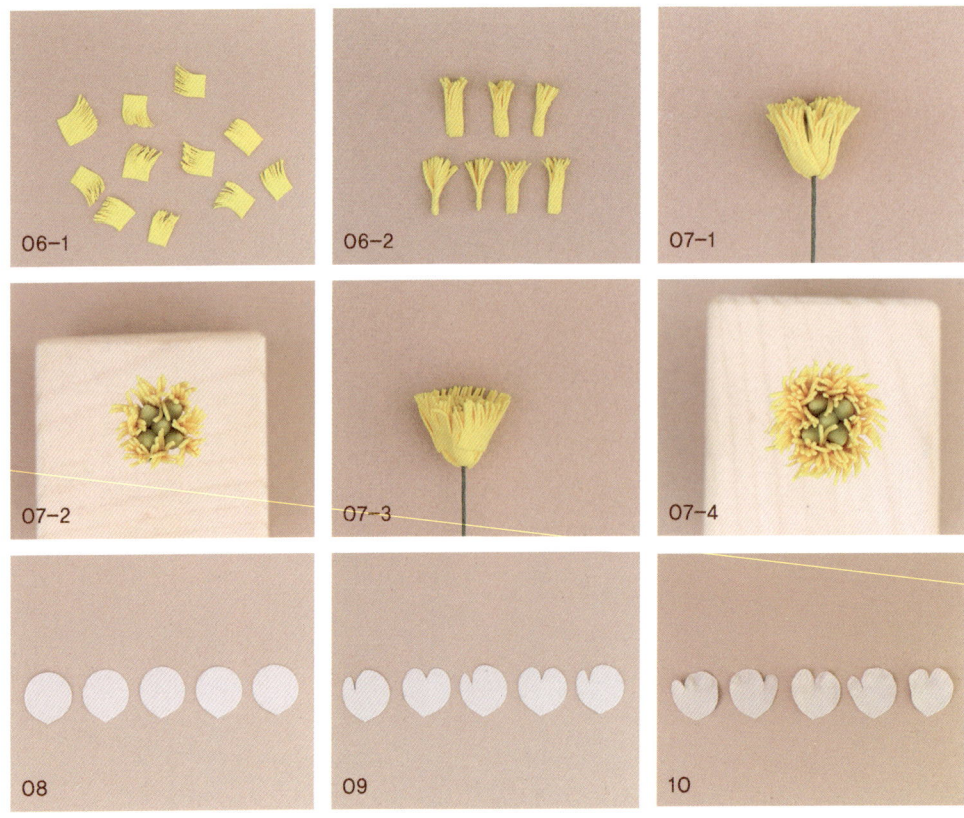

06   05번을 1cm 간격으로 잘라 11~13개 정도의 수술을 만들어주세요. 그중 7~8개는 S자 모양으로 지그 재그로 접어주세요.

     tip 암술의 크기에 따라 붙일 수술의 개수는 달라집니다.

07   접은 수술 7~8개를 암술 주변에 둘러가며 붙이고, 그보다 살짝 높은 위치에 남은 수술을 둘러가며 붙여주세요.

08   연한 회색 클레이를 1mm 두께로 얇게 밀고 장미 커터(2.7cm×3cm)로 꽃잎 5장을 잘라주세요.

09   가위 또는 휠툴로 꽃잎 가장자리 부분을 사진과 같이 잘라주세요.

10   페탈베이너로 꽃잎 끝부분을 밀고, 손바닥의 움푹 파인 부분에 꽃잎을 올려놓고 꽃잎 가운데를 손가락으로 둥글게 문질러 입체감을 주세요.

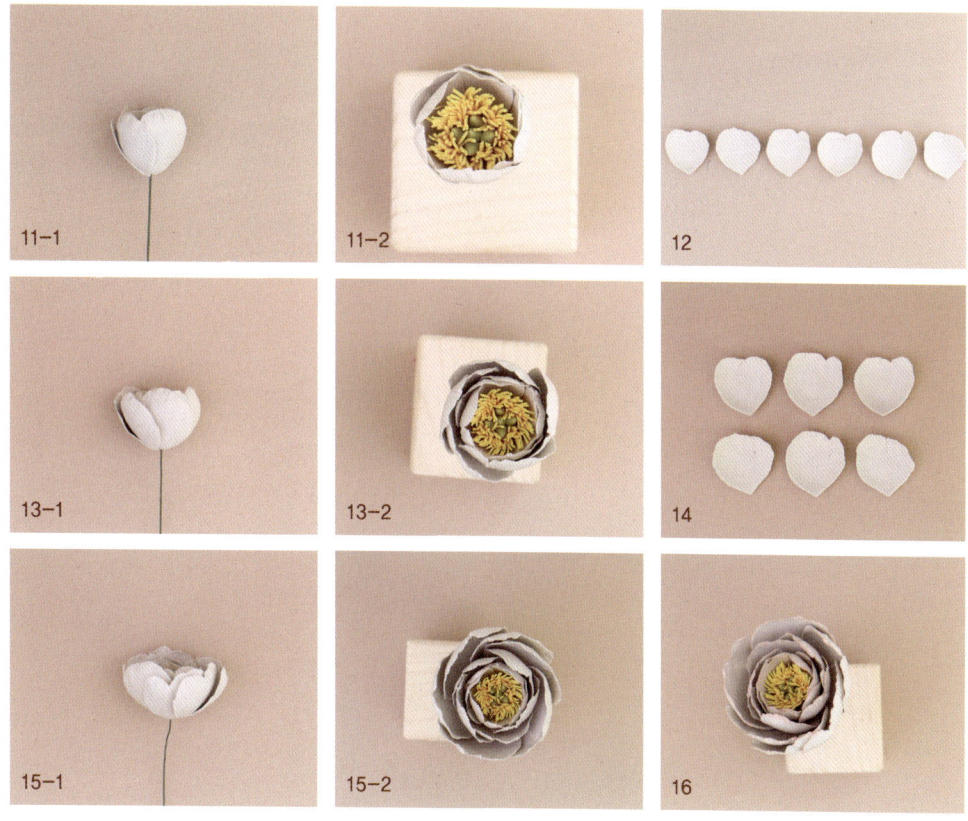

11 07번의 수술 주위에 작업한 꽃잎을 수술보다 높게 붙여주세요. 마지막 꽃잎은 첫 번째 붙인 꽃잎 아래에 넣어주세요.

12 연한 회색 클레이를 1mm 두께로 얇게 밀어 장미 커터(3.3cm×3.5cm)로 꽃잎 6장을 자르고, 09~10번 과정을 반복해주세요.

13 11번 꽃에 꽃잎 6장을 붙여주세요.

14 연한 회색 클레이를 1mm 두께로 얇게 밀어 장미 커터(4cm×4.5cm)로 꽃잎 6장을 자르고, 09~10번 과정을 반복해주세요.

15 13번의 꽃에 이전 꽃잎들보다 간격을 더 넓게 띄어 꽃잎 6장을 붙여주세요.

16 모란 꽃잎 색보다 진한 색 또는 다른 색 물감으로 꽃잎 끝부분을 칠하면 완성입니다.
tip 색 작업은 생략해도 괜찮습니다.

은방울꽃

Lily of the valley

은방울꽃을 흔들면 '짤랑짤랑'하고 방울 소리가 들릴 것만 같아요. 하얗고 자그마한 꽃들이 줄기에 옹기종기 매달려 있는 모습이 참 앙증맞기도 합니다. 청초하고 단아한 매력의 은방울꽃으로 링필로우를 장식해보아요.

클레이 흰색, 연한 올리브 그린색

도 구 오일, 마지팬 도구, 펜치, 철사(27호), 꽃 테이프, 폼패드, 휠툴, 밀대, 수채화 물감(아크릴 물감), 붓

How to make

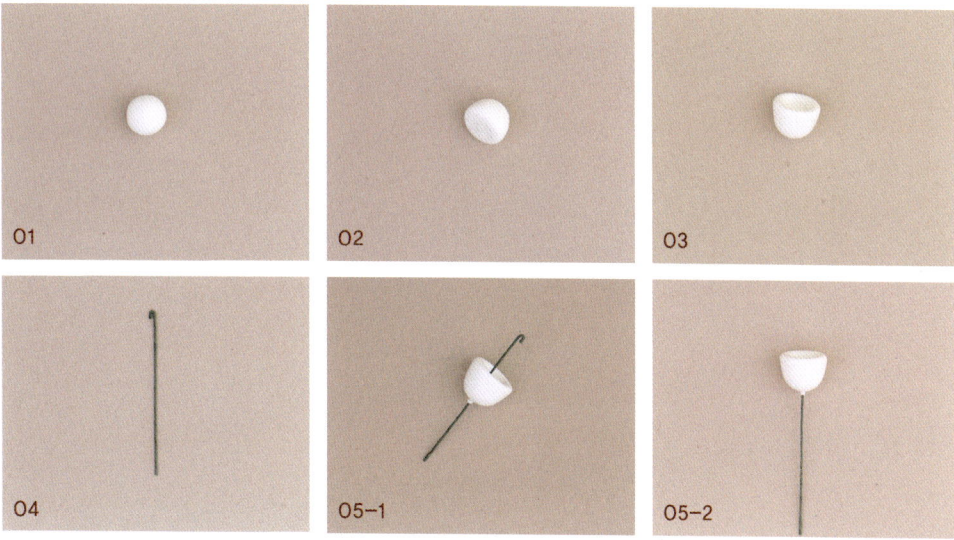

01 흰색 클레이를 0.5cm 크기로 동그랗게 만들어주세요.

02 클레이의 윗면을 살짝 누르고 다듬어 반구 모양으로 만들어주세요.

03 마지팬 도구로 반구의 평평한 부분을 눌러 움푹 파인 그릇 모양으로 만들어주세요.
    tip 한 번에 모양을 만들려 하면 클레이의 끈적임 때문에 도구가 잘 빠지지 않으니 여러 번 눌렀다 빼면서 서서
    히 모양을 만듭니다.

04 27호 철사를 4cm 정도로 자르고 끝부분을 살짝 구부려주세요. 총 12개를 준비해주세요.

05 03번 클레이를 철사에 아래쪽부터 끼워주세요. 01~05번 과정을 반복하여 총 9개를 만들고 굳
    혀주세요.

06 흰색 클레이를 0.3~0.5cm 크기로 동그랗게 만들고 철사에 끼워 은방울 꽃봉오리를 총 3개 만들어주세요.

07 흰색 클레이를 소량 떼어서 동그란 모양 5개를 만들어주세요.

   tip 그릇 모양으로 만든 05번 클레이에 둘러서 붙일 꽃잎을 만드는 작업이니 크기를 가늠해서 만듭니다.

08 두께가 두껍지 않도록 주의하며, 손가락으로 눌러 납작하게 만들어주세요.

09 5장의 꽃잎을 05번 클레이 주위에 둘러가며 붙여주세요.

   tip 크기에 따라 꽃잎은 4장~6장이 될 수 있습니다.

10 마지팬 도구로 꽃잎의 안쪽 부분을 눌러 꽃잎이 안으로 말려들어가게 해주세요.

11 꽃 테이프로 은방울꽃의 줄기를 감아주세요.

12 연한 올리브 그린색 클레이와 10cm 길이의 27호 철사를 준비해주세요.

13 클레이를 8.5cm×10cm 크기로 밀고 휠툴로 밑부분을 일자로 자른 다음, 27호 철사를 클레이의 밑에서부터 2/3 지점에 올려놓고 살짝 눌러 고정해주세요.

14-1   14-2   15-1   15-2   16

16번 참고 도안

14   철사가 가운데로 오도록 클레이를 반으로 접은 다음 손으로 꾹꾹 눌러주고, 각 모서리 부분을 휠 툴로 잘라 길쭉한 8각형 모양으로 만들어주세요.

15   철사가 없는 부분만 밀대로 다시 한 번 밀어 얇게 만든 다음, 휠툴을 이용해 원하는 잎 크기로 잘라주세요.

      tip 은방울 꽃잎은 길고 두꺼운 모양이 특징이므로 길게 자릅니다.

16   잎을 폼패드 위에 올려놓고 마지팬 도구로 잎의 가운데 부분을 일자로 그어주세요.

17번 참고 도안

17 휠툴로 잎 위에 전체적으로 곡선을 그어서 잎맥을 표현해주세요.

18 잎의 뒷면에서 철사가 있는 부분을 아래쪽부터 2/3 지점까지 살짝 접고, 잎 가장자리를 손으로 다듬어 자연스럽게 만들어주세요.

19 11번 꽃의 아래쪽 철사 경계선 부분에 올리브 그린색 물감을 연하게 칠해주세요.

20 18번의 잎 앞면 전체에도 올리브 그린색을 칠해주세요. 물감이 다 마르면 얇은 붓을 이용해 그린 색으로 잎 중간중간에 선을 그어 잎맥을 표현해주세요. 보다 자연스러운 잎을 연출할 수 있어요.

21 06번과 19번에서 작업한 꽃봉오리와 꽃의 철사 윗부분을 펜치로 살짝 구부린 다음 꽃 테이프로 엮어주세요. 사진과 같이 꽃봉오리 → 꽃 2개 → 꽃 3개 → 꽃 3개 순으로 엮어주세요.

22 남은 1개의 꽃은 빈 공간에 엮어주고, 중간에 잎도 같이 엮어주세요. 만약 밑부분 철사가 짧다면 27호 철사를 밑에 덧대고 꽃 테이프로 연결하면 완성입니다.

개장미 *Dog rose*

장미는 알려져 있는 것만 100종이 넘을 정도로 그 종류가 정말 다양한데요. 개장미 또한 들장미의 일종으로, 이름은 투박하지만 그 모습은 다른 꽃과 견주어 봐도 뒤처지지 않을 만큼 예쁘답니다. 이 개장미로 헤어핀을 만들어 머리에 살짝 얹어볼까요? 더욱 사랑스러워 보일 거예요.

Material

클레이 연분홍색(원하는 꽃잎 색), 흰색

도 구 오일, 꽃 수술 26개(수술 한 묶음)×4, 흰색 철사(27호), 꽃 테이프(흰색), 밀대, 장미 커터(3.3cm×3.5cm/4cm ×4.5cm)

How to make

01   꽃 수술 26개를 준비하고, 꽃 수술의 높이를 일정하게 맞춰주세요.

02   꽃 수술을 반으로 접고, 27호 흰색 철사로 사진과 같이 고정해주세요.

03   01~02번 과정을 반복해서 총 4묶음의 수술을 준비해주세요.

   tip 수술을 적게 작업하고 싶다면 3묶음만 만듭니다.

04   꽃 수술 4묶음의 철사를 모아 꽃 테이프로 감고, 꽃 수술대 밑부분도 꽃 테이프로 감아 고정해주세요.

05　꽃 수술대와 철사 사이에 흰색 클레이를 둘러서 더 꼼꼼하게 밀착시켜주세요.

06　가장자리의 꽃 수술을 바깥 방향으로 펴주세요.

07　연분홍색 클레이를 1~2mm 두께로 밀어 장미 커터(3.3cm×3.5cm)로 꽃잎 5장을 자르고, 각 꽃잎의 끝부분을 밀대로 얇게 밀어주세요.

08　꽃잎을 손바닥 가운데 움푹 파인 부분에 올려놓고, 손가락으로 꽃잎 밑과 가운데 부분을 둥글게 문질러 꽃잎에 입체감을 주세요.

09　손가락으로 꽃잎 끝부분을 뒤로 젖혀주세요.

10　작업한 꽃잎 5장을 06번의 꽃 수술 주변에 둘러가며 붙이고, 마지막 꽃잎은 첫 번째 붙인 꽃잎 아래에 넣어주세요.

　　tip 꽃잎을 꽃 수술과 같은 높이 또는 살짝 높게 붙여주면 모양 잡기가 쉽습니다.

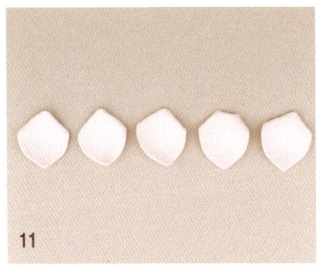

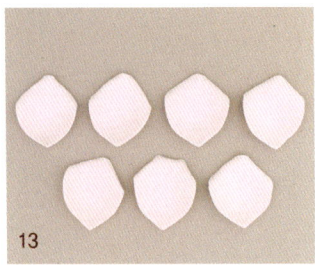

11 연분홍색 클레이를 1~2mm 두께로 밀어 장미 커터(4cm×4.5cm)로 꽃잎 5장을 자르고, 07~09번 과정을 반복해주세요.

12 10번에서 처음 붙인 꽃잎 사이사이에 비슷한 높이로 꽃잎 5장을 붙여주세요.

13 연분홍색 클레이를 1~2mm 두께로 밀어 장미 커터(4cm×4.5cm)로 꽃잎 7장을 자르고, 07~09번 과정을 반복해주세요.

14 꽃잎을 12번의 꽃 밑부분에 사진과 같이 붙여주세요. 이전에 붙인 꽃잎 사이사이에 붙이고 마지막 꽃잎은 첫 번째 붙인 꽃잎 아래에 넣은 다음, 꽃잎 끝부분을 정리해주면 완성입니다.

tip 꽃잎이 조금 마른 상태에서 붙여야 꽃잎 형태가 잘 유지됩니다.

스위트피

Sweet pea

'나를 기억해 주세요.'라는 꽃말을 가지고 있는 스위트피입니다. 하늘하늘한 프릴을 가진 꽃잎 때문에 더욱 여린 느낌이 들어요. 한 송이만 있어도 예쁘지만 여러 송이를 모아 화관을 만들면 더욱 화사한 분위기를 연출할 수 있어요.

Jan 26, 2016

Wedding Day

클레이 연보라색(원하는 꽃잎 색), 올리브 그린색

도 구 오일, 펜치, 철사(27호), 밀대, 장미 커터(1.4cm×1.5cm), 스위트피 커터, 마지팬 도구, 목공 풀, 장미 잎 베이너, 붓, 수채화 물감(아크릴 물감), 붓, 꽃 테이프

How to make

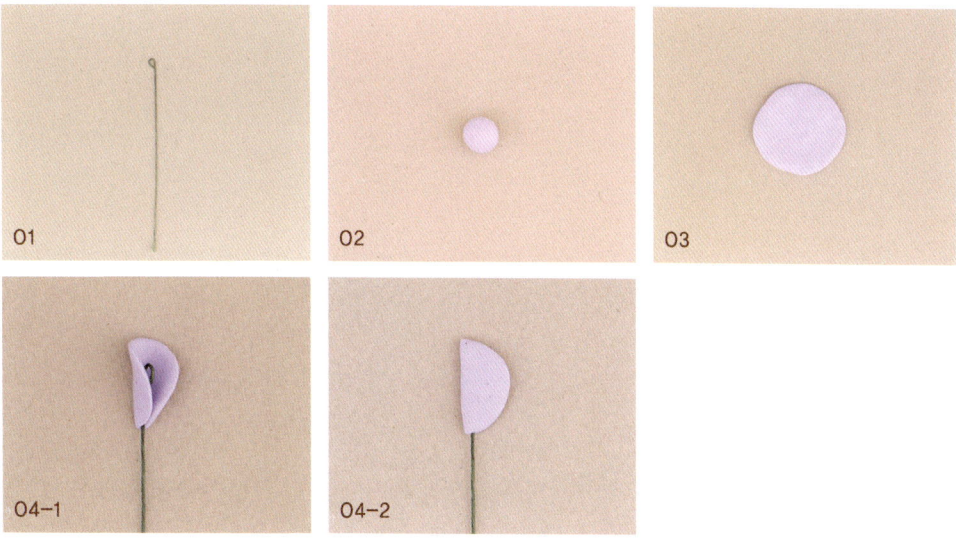

01   펜치로 27호 철사의 끝을 구부려 작은 9자 모양으로 만들어주세요.

02   연보라색 클레이를 떼어 0.3cm 정도 크기로 동그랗게 만들어주세요.

03   동그랗게 만든 클레이를 엄지와 검지로 눌러 납작하게 만들어주세요.

04   클레이 위에 01번의 철사를 올리고 반으로 접어 고정해주세요.

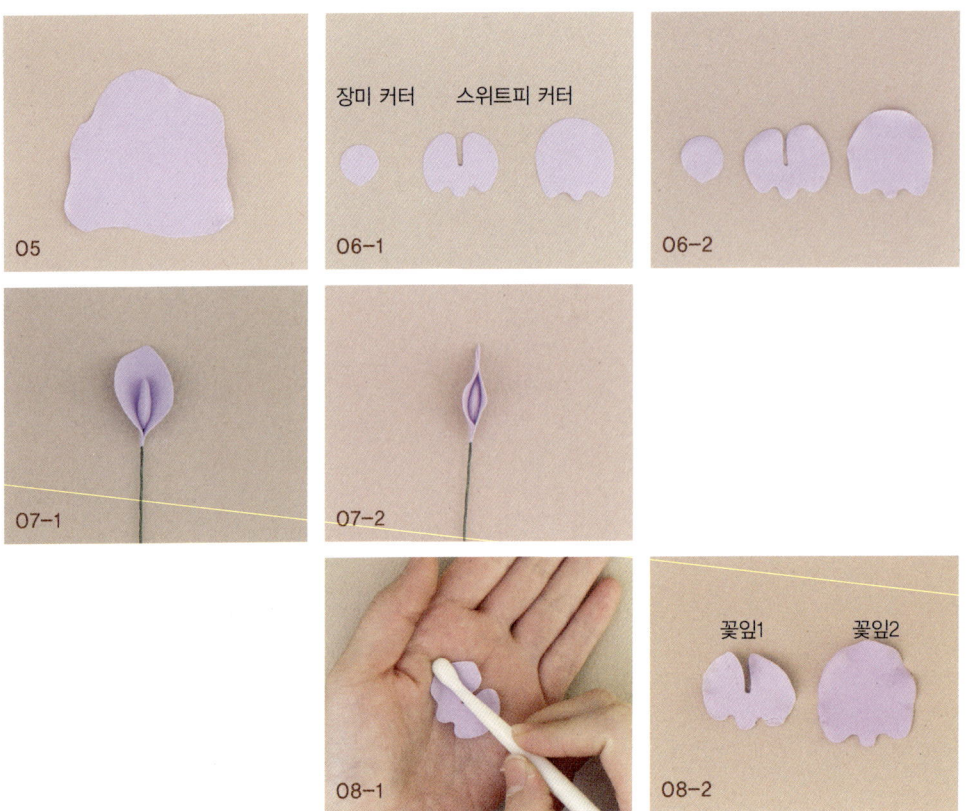

05 연보라색 클레이를 1mm 두께로 얇게 밀어주세요.

06 장미 커터(1.4cm×1.5cm)와 스위트피 커터로 꽃잎을 자르고, 밀대로 가장자리를 다시 한 번 밀어 더 얇게 만들어주세요.

07 장미 꽃잎을 뾰족한 부분이 위로 오도록 놓고 04번 꽃잎을 세워서 올려놓은 다음, 꽃잎의 위와 아랫부분을 오므려 붙여주세요.

　　　tip 클레이가 말라서 잘 붙지 않는다면 목공 풀이나 물을 살짝 발라 붙입니다.

08 스위트피 꽃잎을 손바닥 위에 올려놓고, 마지팬 도구로 꽃잎 끝부분을 문질러 프릴을 만들어주세요.

09　꽃잎1의 가운데에 07번을 사진과 같이 올려 붙인 후 꽃잎의 위아래를 가운데로 살짝 모아주세요.

10　꽃잎2의 가운데에 09번을 놓고, 프릴이 없는 꽃잎 안쪽 부분에 목공 풀을 묻혀 꽃잎을 붙여주세요.

11　꽃잎2의 윗부분을 살짝 뒤로 젖혀주세요.

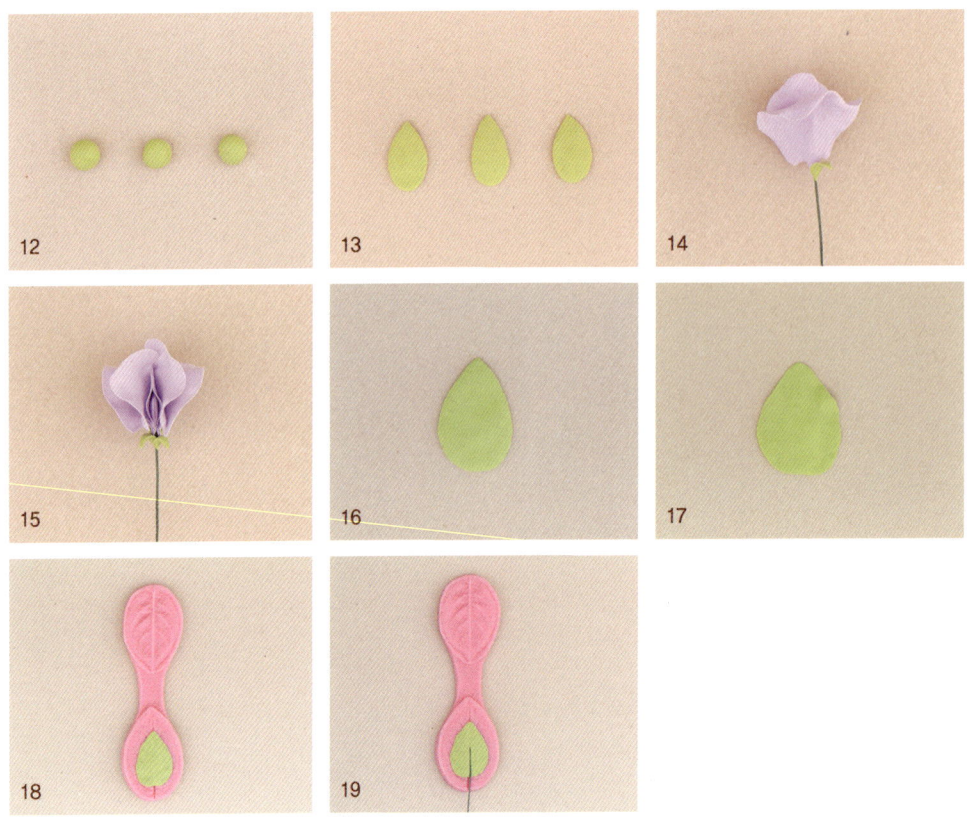

12 올리브 그린색 클레이를 0.2cm 정도 크기로 동그랗게 총 3개 만들어주세요.

13 12번 클레이를 물방울 모양으로 만들고 손가락으로 납작하게 눌러 꽃받침을 만들어주세요.

14 11번의 스위트피 뒷면 아래에 작업한 꽃받침 하나를 붙이고 끝부분을 아래로 젖혀주세요.

15 나머지 꽃받침 두 개를 스위트피 앞면 아래에 붙이고 끝부분을 아래로 젖혀주세요.

16 올리브 그린색 클레이를 물방울 모양(2cm×0.6cm)으로 만들고, 납작하게 눌러주세요.

17 손가락으로 눌러 전체적으로 얇게 펴고, 가장자리 부분을 한 번 더 눌러 얇게 펴주세요.

18 장미 잎 베이너에 17번의 클레이를 올려놓고 꼭꼭 눌러주세요.

19 클레이의 밑에서부터 2/3 지점에 27호 철사를 올려놓고 살짝 누른 다음 장미 잎 베이너를 반 접어 꾹 눌러 잎을 만들어주세요.

20 잎의 뒷면에서 철사가 있는 부분을 살짝 접어 철사를 가려주세요.

21 잎의 가장자리 부분을 뒤로 살짝 젖히고, 자연스러운 잎 모양으로 다듬어주세요.

22 꽃잎보다 진한 색 또는 다른 색 물감으로 꽃잎의 끝부분을 칠해주세요.
   tip 붓에 물이 많이 묻어 있을 경우 꽃잎이 녹을 수도 있으니 물 조절에 주의합니다.

23 올리브 그린색 물감으로 잎 앞면을 전체적으로 칠해주세요.

24 22번의 꽃과 23번의 잎 아래쪽에 꽃 테이프를 감으면 완성입니다.

화관

Chaplet

철사(21호), 꽃 테이프, 클레이 플라워, 클레이 잎, 리본 또는 레이스

01 21호 철사를 꽃 테이프로 감으면서 중간중간에 꽃과 잎을 넣어 함께 감아주세요.
   tip 철사의 처음과 끝부분은 리본으로 감을 부분이므로 꽃과 잎을 넣지 않고 꽃 테이프로만 감습니다.

02 꽃과 잎을 잘 분배해서 두 줄기를 만들어주세요. 두 줄기가 한 줄기로 엮어질 것을 생각해서 꽃과 잎 사이사이에 공간을 두고 작업해주세요.

03 02번의 두 줄기를 꽈배기 꼬듯이 꼬아주세요. 이때 꽃과 잎이 서로 겹치지 않게 해주세요.

04 손으로 줄기를 휘어서 둥근 모양으로 만들어주세요.

05 맞닿는 줄기 끝을 서로 꼬아주세요.

06 줄기를 꼬은 부분에 레이스나 리본을 묶어 장식하면 완성입니다.

Part 2

Interior

분위기를 화사하게 만들어주는 데에는 꽃이 효과적
이죠. 왠지 밋밋하고 삭막한 집안 분위기를 바꿔보
고 싶다면 클레이 플라워로 장식해보세요. 샛노란
색에 생기를 가득 담고 있는 프리지아 장식, 크리스
마스 분위기가 물씬 느껴지는 포인세티아 리스 등
클레이 플라워로 다양한 소품을 만들 수 있습니다.

프리지아
Freesia

연두색의 줄기와 샛노란 꽃잎이 예쁘게 조화를 이루는 프리지아입니다. '천진난만'이라는
꽃말처럼 생기 있고 밝은 꽃은 보기만 해도 기분이 좋아지죠. 상큼한 봄 향기 가득 머금
은 프리지아를 눈에 잘 보이는 곳에 걸어 장식하면 볼 때마다 마음도 즐거워질 거예요.

클레이　노란색(원하는 꽃잎 색), 연한 올리브 그린색

도　구　오일, 노란색 꽃술 3개, 가위, 철사(27호), 꽃 테이프, 밀대, 마지팬 도구, 목공 풀, 펜치, 휠툴, 수채화 물감(아
크릴 물감), 붓

How to make

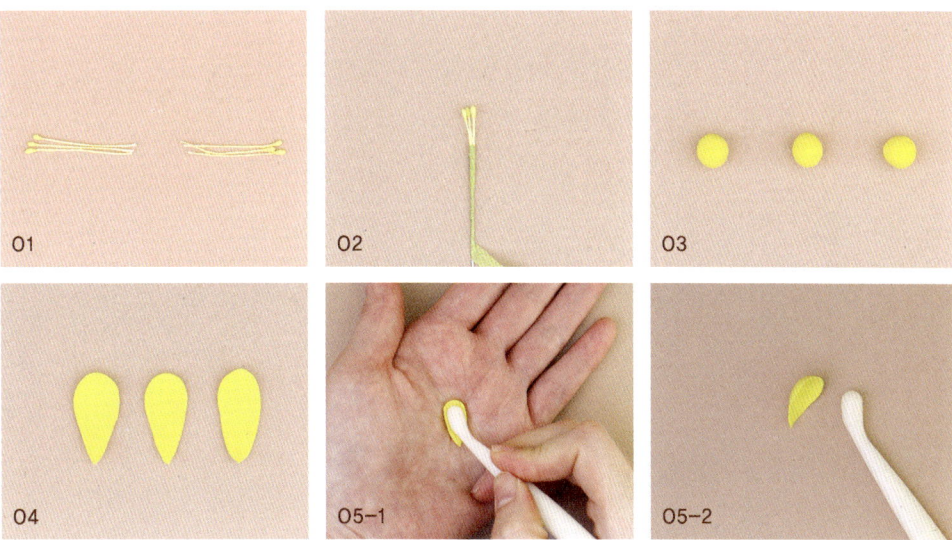

01 노란색 꽃술 3개를 반으로 잘라주세요.

02 27호 철사를 7cm 정도 길이로 자르고 반으로 자른 꽃술 3개를 철사 끝에 꽃 테이프로 감아 고정
해주세요. 이때 꽃술은 위로 1cm 정도 나오게 고정해주세요.

03 노란색 클레이로 0.8cm 정도 크기의 동그란 덩어리 3개를 만들어주세요.

04 03번을 물방울 모양(0.6cm×1.2cm)으로 만든 다음 손가락으로 눌러 납작하게 펴주세요.

05 밀대로 살짝 밀어 조금 더 얇게 만들고, 손바닥 위에 꽃잎을 올려 놓은 다음 마지팬 도구로 꽃잎
가운데를 문질러 그릇 모양으로 만들어주세요. 나머지 꽃잎도 동일하게 작업합니다.

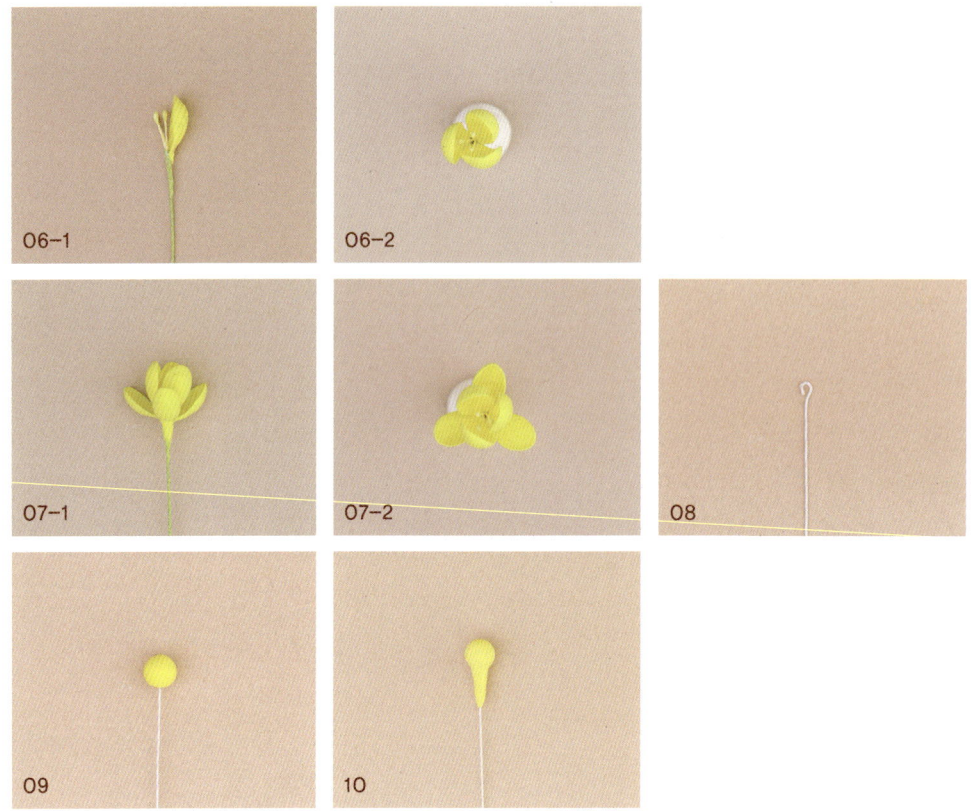

06-1　06-2　07-1　07-2　08　09　10

06　02번의 꽃술과 철사 경계선 부분에 목공 풀을 바르고 꽃술보다 높게 꽃잎을 붙여주세요. 나머지 2장의 꽃잎도 일정한 간격으로 꽃술 주위에 붙여주세요.

07　03~05번 과정을 반복해 꽃잎 3개를 더 만들고, 처음에 붙인 꽃잎 사이에 높이를 살짝 낮춰서 붙여주세요. 밑부분을 다듬어 자연스럽게 만들어주세요.

08　27호 철사를 7cm 정도 길이로 자르고 철사 끝을 펜치로 동그랗게 말아 작은 9자 모양으로 만들어주세요.

09　노란색 클레이를 0.5cm 정도 크기로 동그랗게 만들어 구부린 철사에 끼워주세요.

10　클레이 밑부분을 손가락으로 끌어내린 다음 사진과 같은 모양으로 다듬어주세요.

11 클레이의 둥근 윗면에 휠톨로 십자(十) 모양을 그은 다음 철사에 꽃 테이프를 감아주세요.

12 연한 올리브 그린색 클레이로 0.3cm 정도 크기의 동그란 덩어리 4개를 만들어주세요.

13 물방울 모양으로 만든 다음 엄지와 검지로 납작하게 눌러 꽃받침을 만들어주세요.

14 꽃받침을 07번의 프리지아 꽃과 11번의 봉오리 밑부분에 대칭이 되도록 2개씩 붙여주세요.

15 프리지아 꽃잎보다 진한 색의 물감을 꽃잎 끝부분에 칠해주세요. 봉오리는 얇은 붓으로 윗면의
    가운데만 살짝 칠해주세요.

16 02~15번 과정을 반복하여 조금 더 작은 크기의 프리지아와 꽃봉오리를 하나씩 더 만들고, 꽃과
    봉오리의 철사 윗부분을 펜치로 구부려주세요.

17 가장 작은 봉오리 중간부터 꽃 테이프를 감고, 조금 더 큰 봉오리를 넣어서 같이 감아주세요.

18 작은 꽃을 봉오리 아래 부분에 넣고 감다가 큰 꽃을 넣고 감으면 프리지아 한 줄기가 완성입니다.
    tip 같은 과정을 반복해 여러 줄기의 프리지아를 만들면 더욱 풍성하게 장식할 수 있습니다.

튤립
Tulip

머릿속에 새파란 하늘과 풍차가 함께 떠오르는 튤립은 네덜란드의 국화로 잘 알려져 있죠. 따뜻한 햇볕에 만개한 튤립을 보고 있으면 왠지 마음이 들떠요. 보라색, 분홍색 알록달록 튤립을 냅킨꽂이 장식으로 만들어보세요.

클레이 보라색(원하는 꽃잎 색), 흰색

도 구 오일, 철사(16호), 밀대, 휠툴, 폼패드, 마지팬 도구, 페탈베이너, 수채화 물감(아크릴 물감), 붓, 꽃 테이프

How to make

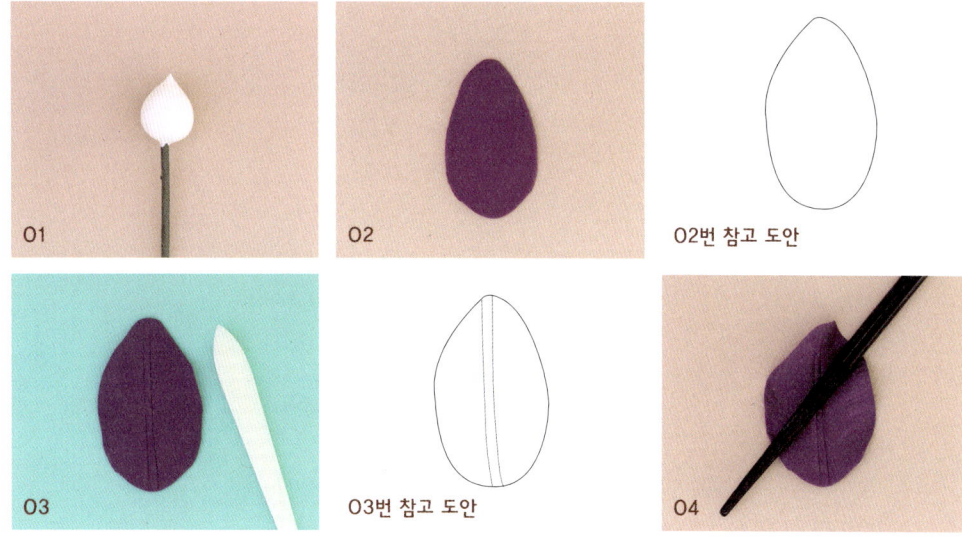

01

02

O2번 참고 도안

03

O3번 참고 도안

04

01 흰색 클레이를 물방울 모양(2cm×3cm)으로 만든 다음 뾰족한 부분이 위로 오도록 16호 철사에 끼워 굳혀주세요.

02 보라색 클레이를 1~2mm 두께로 밀고, 휠툴로 둥근 물방울 모양(3cm×5cm)으로 잘라주세요.

03 밀대로 꽃잎 가장자리를 더 얇게 민 다음, 꽃잎을 폼패드 위에 올려놓고 마지팬 도구로 꽃잎 가운데에 선을 두 줄 그어주세요.

04 꽃잎을 손에 올려놓고 페탈베이너를 눕혀서 꽃잎 안쪽부터 끝부분까지 밀어 잎맥을 만들어주세요.

05 꽃잎을 손바닥의 움푹 파인 곳에 올려놓고, 손가락으로 꽃잎의 아랫부분을 둥글게 문질러 입체감을 주세요.

06 옆에서 봤을 때 안쪽으로 기울어지도록 01번에 꽃잎을 붙여주세요.

07 02~05번 과정을 반복해 꽃잎 1장을 더 만들고, 처음에 붙인 꽃잎 반대편에 붙여주세요. 위에서 봤을 때 흰색 클레이가 보이지 않게 붙여주세요.

   tip 꽃잎 클레이가 마르기 전에 붙이는 것이 작업하기 편하므로, 한꺼번에 2장을 작업하는 것보다 1장씩 작업한 다음에 붙이는 것이 더 좋습니다.

08 02~05번 과정을 반복해 꽃잎 3장을 만들어주세요.

09 꽃잎 3장을 07번 꽃 주변을 둘러가며 붙이고, 마지막 꽃잎은 처음 붙인 꽃잎 아래에 넣어주세요.

   tip 꽃 주변을 다 감싸며 꽃잎을 붙여야 하기 때문에 간격을 잘 생각하고 붙입니다.
   tip 클레이가 말라서 잘 붙지 않으면 목공 풀을 발라 붙입니다.

10 붙인 꽃잎을 다듬고, 줄기를 꽃 테이프로 감아주세요.

11 꽃잎보다 진한 색 또는 다른 색 물감을 꽃잎 끝부분에 칠해주세요.

12 꽃잎 가운데 부분도 밑에서 위로 물감을 칠하면 완성입니다.

아
네
모
네

Anemone

'비록 당신이 날 사랑하지 않더라도 전 당신을 사랑합니다.'라는 슬픈 사랑의 꽃말을 가진 아네모네입니다. 아름다운 모습 때문에 더욱 슬프게 느껴지는 것 같아요. 아네모네를 화병에 꽂아 장식해봅시다.

클레이 검정색, 진한 분홍색(원하는 꽃잎 색)

도　구 오일, 철사(16호), 펜치, 칫솔 또는 솔, 밀대, 휠툴, 가위, 장미 커터(3.3cm×3.5cm), 수채화 물감(아크릴 물감), 붓, 꽃 테이프

How to make

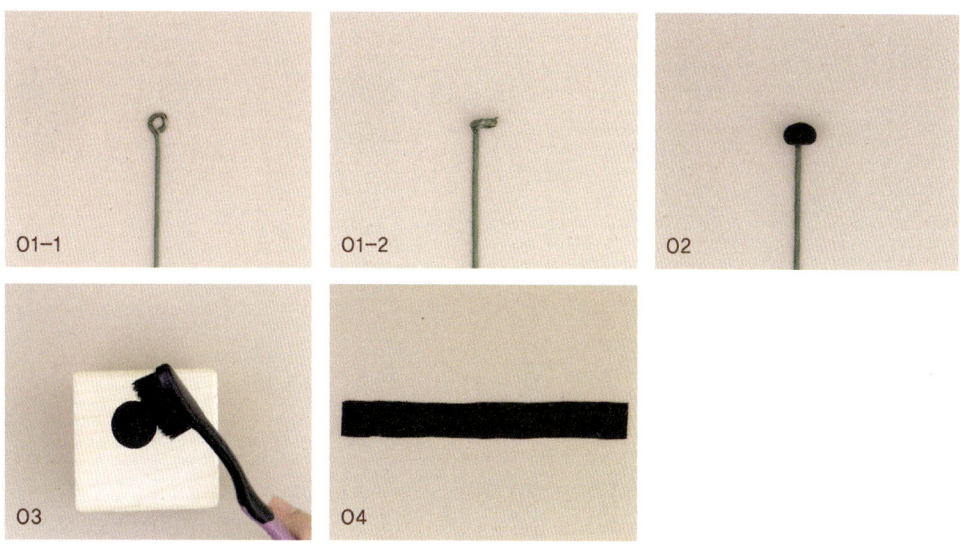

01 16호 철사의 끝을 펜치로 구부려서 9자 모양(지름 0.8cm)으로 만들고 직각으로 꺾어주세요.

02 검정색 클레이를 1.3cm 정도 크기로 동그랗게 만들고 철사 끝부분에 눌러서 끼운 다음 아랫면 은 평평하게, 윗면은 둥근 모양으로 다듬어 암술을 만들어주세요.

03 암술 윗부분을 칫솔이나 솔로 눌러 자국을 내주세요.

04 검정색 클레이를 길쭉한 모양(15cm×1cm)으로 얇게 밀고 휠툴이나 가위를 이용해 암술을 3바퀴 두를 수 있는 길이의 직사각형 모양으로 잘라주세요.

　tip 암술에 두를 길이를 가늠할 때 클레이끼리 붙을 수 있으므로 주의해서 작업합니다.

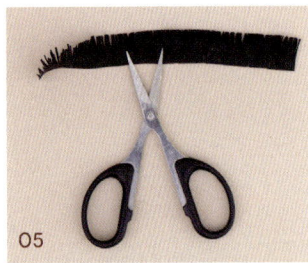

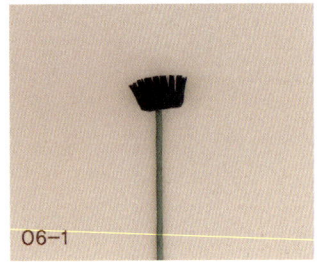

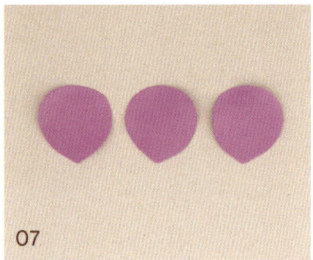

05 클레이의 긴 면을 가위로 1~2mm 간격으로 가늘게 자른 후 3등분 해서 총 3개의 수술을 만들어 주세요.

   tip 자른 다음 서로 붙을 수도 있으니, 조금 말린 다음 자릅니다.

06 03번의 암술에 수술 3개를 순서대로 1바퀴씩 둘러 붙여주세요.

07 진한 분홍색 클레이를 1mm 두께로 얇게 밀고 장미 커터(3.3cm×3.5cm)로 잘라 꽃잎 3장을 만든 다음, 꽃잎의 둥근 면 양쪽 끝을 한 번 더 밀어주세요.

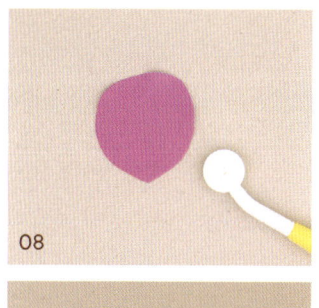

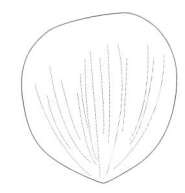

08번 참고 도안

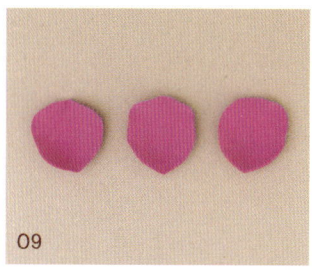

08 휠툴로 꽃잎 위에 살살 선을 그어 잎맥을 만들어주세요.

09 손바닥의 움푹 파인 부분에 작업한 꽃잎을 올려놓고, 손가락으로 둥글게 문질러서 입체감을 주세요. 문지르는 과정에서 잎맥이 지워졌다면 다시 한 번 휠툴로 선을 그어주세요.

10 꽃잎 아래쪽에 흰색 물감으로 얇은 선을 그려주세요.

11 06번에 꽃잎을 사진과 같이 3등분 해서 붙여주세요.

12 07~10번 과정을 반복해 3장의 꽃잎을 더 만들고, 먼저 붙인 꽃잎 사이사이에 붙여주세요.

13 줄기를 꽃 테이프로 감으면 완성입니다.

소국&이끼

Chrysanthemum&Moss

작고 올망졸망한 꽃송이가 귀여운 소국은 '밝은 마음'이라는 꽃말을 가지고 있는데요. 보고만 있어도 저절로 마음이 밝고 흐뭇해지기 때문일까요? 클레이로 귀여운 소국과 이끼를 만들어서 유리돔 장식으로 집안을 꾸며보아요.

Material

클레이　노란색, 연한 올리브 그린색, 분홍색 / 올리브 그린색(이끼)

도　구　오일, 철사(21호, 27호), 펜치, 가위, 페탈베이너, 장미 잎 베이너, 대나무 꼬치, 수채화 물감(아크릴 물감), 붓, 꽃 테이프

How to make

01　21호 철사 끝을 펜치로 구부려 9자 모양(지름 0.8cm)으로 만들고 직각으로 꺾어주세요.

02　노란색 클레이를 1~1.2cm 정도 크기로 동그랗게 만든 다음 철사 끝부분에 끼우고 아랫면은 평평하게, 윗면은 둥근 모양으로 다듬어주세요.

03　가위 끝부분으로 클레이를 촘촘하게 잘라 꽃술을 만들어주세요. 옆면은 가위를 눕혀서 잘라주세요.

04　페탈베이너 앞부분으로 꽃술 가운데 부분(점선 표시)을 살짝 눌러주세요.

　　tip 꽃잎을 만들어 붙이기 전, 꽃술을 살짝 말린 다음 작업하는 것이 편하니 꽃술을 말리는 동안 잎 작업을 합니다.

05   연한 올리브 그린색 클레이를 물방울 모양(1.5cm×2.5cm)으로 만든 다음 손가락으로 눌러서 납작하게 만들어주세요.

      tip 조금 크거나 작아도 괜찮습니다.

06   가위로 잎의 양옆을 45도 각도로 사진처럼 잘라주세요.

07   잘린 부분의 뾰족한 모서리를 잎 뒷면으로 말아 넣은 다음 손가락으로 누르고, 각진 부분을 둥글 게 다듬어주세요.

08   장미 잎 베이너에 잎을 올려놓고 꾹꾹 눌러주세요.

09   잎의 밑에서부터 2/3 지점에 27호 철사를 놓고 살짝 눌러 고정한 다음, 장미 잎 베이너를 반 접어 눌러주세요.

10   잎을 장미 잎 베이너에서 꺼낸 다음 철사가 없는 뒤쪽에서 앞으로 가운데를 살짝 접어 철사를 가 려주세요. 잎의 가장자리 부분은 뒤로 살짝 젖히고 자연스러운 모양으로 다듬어주세요.

11   분홍색 클레이를 0.5cm 정도 크기의 동그란 모양으로 7~8개 만들어주세요.

       tip 꽃잎을 더 크게 만들고 싶다면, 더 큰 동그라미를 만들면 됩니다.

12   물방울 모양으로 만든 다음 손가락으로 눌러서 납작하게 펴고, 손바닥 위에 꽃잎을 올려 대나무
       꼬치로 꽃잎 중앙에서 바깥쪽으로 밀어 입체감을 주세요. 나머지 꽃잎 모두 동일하게 작업해주
       세요.

13   꽃잎 8장을 04번의 꽃술 주위에 일정한 간격으로 둘러가며 붙여주세요.

14   11~12번 과정을 반복해 꽃잎 8장을 더 만들고, 꽃잎 사이사이 빈 공간에 살짝 눕혀서 붙여주세요.

15 연한 올리브 그린색 클레이를 물방울 모양(0.5cm×1cm)으로 만들어주세요.

16 가위로 둥근 부분을 십자(十) 모양으로 자른 다음 펼치고, 자른 각 부분을 다시 반으로 잘라 총 8갈래로 만들어주세요.

17 엄지와 검지로 각 부분을 납작하게 눌러 꽃받침을 만들어주세요.

18 꽃받침의 뾰족하게 튀어나온 밑부분을 가위로 잘라 평평하게 만든 다음, 14번 철사에 끼워서 꽃 아래에 붙이고 꽃받침의 밑부분을 다듬어주세요.

19 04번에서 누른 꽃술 가운데 부분을 올리브 그린색 물감으로 연하게 칠해주세요.

20 올리브 그린색 물감으로 잎 앞면을 전체적으로 칠하고, 잎 바로 아래 철사를 꺾어주세요.

21 꽃 테이프로 줄기를 감다가 원하는 위치에 잎을 넣어 마저 감으면 완성입니다.

• 이끼 만들기

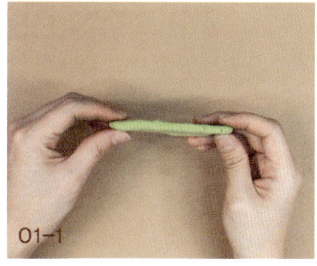

01 올리브 그린색 클레이를 길게 늘였다가 반으로 접어주세요.

02 늘였다 접기를 반복하여 이끼 같은 질감이 생기면, 바닥이 될 밑부분을 가위로 잘라주세요.

03 이끼 질감이 있는 부분이 망가지지 않도록 주의하면서 아랫면을 매만져 모양을 잡아주면 완성입
니다.

데이지 *Daisy*

민들레꽃과 생김새가 닮은 데이지는 화단에 많이 심는 꽃으로 샛노란 암술과 꽃잎이 사랑스럽게 조화를 이룹니다. '겸손한 아름다움'이라는 꽃말처럼 수수하게 예쁜 데이지로 다양한 소품을 만들어보세요.

클레이 노란색, 흰색
도 구 오일, 펜치, 철사(21호), 칫솔 또는 솔, 가위, 대나무 꼬치

How to make

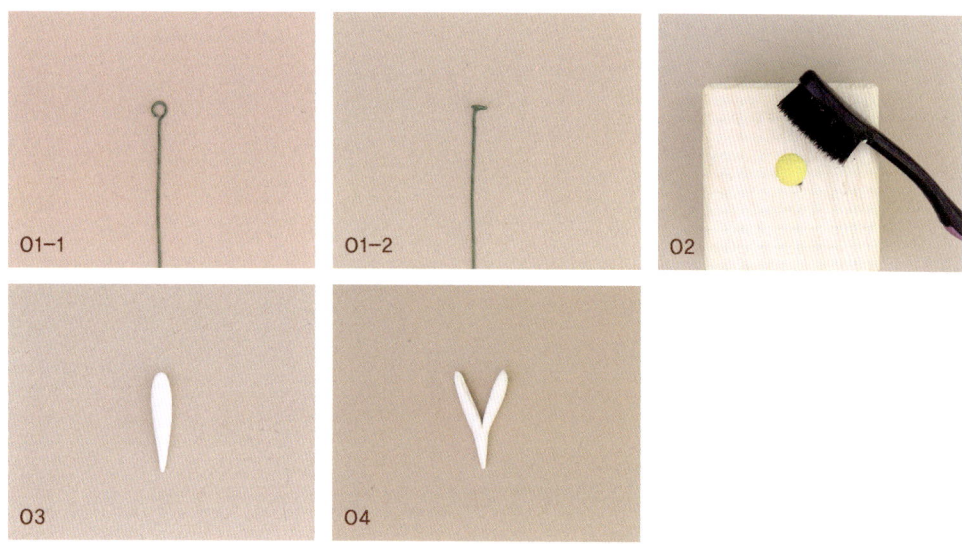

01 펜치로 21호 철사 끝을 9자 모양(지름 0.5cm)으로 구부리고 직각으로 꺾어주세요.

02 노란색 클레이를 0.7cm 정도 크기로 동그랗게 만든 다음 철사에 끼우고, 칫솔이나 솔로 윗면에 자국을 내서 꽃술을 만들어주세요.

03 흰색 클레이를 물방울 모양(0.5cm×2cm)으로 만들어주세요.

04 물방울 모양의 둥근 면을 가위로 잘라 2등분 한 다음 펼쳐주세요.

05 자른 각 부분을 다시 2등분으로 잘라 4개의 꽃잎을 만들고, 엄지와 검지로 눌러 꽃잎을 납작하게 펴주세요.

06 한 손으로 꽃잎을 지탱한 상태에서 대나무 꼬치로 꽃잎을 중앙에서 바깥쪽으로 밀어 꽃잎에 입체감을 주세요.

07 작업한 꽃잎을 02번 꽃술 철사에 끼워주세요.

08 03~05번 과정을 반복해 꽃잎을 만든 다음 가위로 각 꽃잎을 잘라주세요. 자른 꽃잎을 손바닥 위에 올리고 대나무 꼬치로 꽃잎을 중앙에서 바깥쪽으로 밀어 입체감을 주세요.

09 08번 꽃잎을 07번 꽃잎 사이사이 빈 공간에 붙여주세요.

10 08번 과정을 반복해 8장의 꽃잎을 만들고, 09번의 꽃잎 사이사이 빈 공간에 붙이면 완성입니다.

플라워 스티커
Flower sticker

클레이 플라워, 펜치, 천 또는 레이스, 글루건 또는 목공 풀, 양면 테이프, 클레이

❶ 하나의 꽃으로 만들 경우

01

02-1

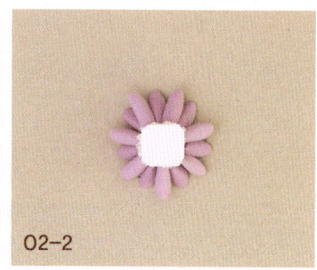

02-2

01 클레이 플라워 뒷면의 철사를 펜치로 바짝 잘라 제거해주세요.

02 천이나 레이스를 잘라 글루건 또는 목공 풀로 클레이 플라워 뒷면에 붙이고, 붙인 천 크기에 맞춰서 양면 테이프를 잘라 붙이면 완성입니다.

❷ 여러개의 꽃을 합쳐 만들 경우

01-1

01-2

01 클레이로 반구 모양을 만들고 클레이 플라워 뒷면의 철사를 짧게 자른 다음, 클레이에 꽂고 빈 공간에는 잎을 꽂아주세요. 반구의 뒷면에는 ❶과 동일한 방법으로 양면 테이프를 붙여 마무리하면 완성입니다.

포인세티아

Poinsettia

크리스마스가 다가왔다는 것을 알려주는 꽃, 포인세티아입니다. 12월에 개화하는 특징 때문에 미국과 유럽에서는 크리스마스를 장식하는 꽃으로 사용되었다고 합니다. 선명한 붉은색과 별을 닮은 뾰족한 모양이 특징인데요. 사실 이 부분은 꽃이 아니라 꽃을 감싸고 있는 잎이랍니다.

Material

클레이   연한 올리브 그린색, 빨간색, 진한 올리브 그린색

도   구   오일, 철사(18호, 27호), 펜치, 마지팬 도구, 수채화 물감(아크릴 물감), 붓, 장미 잎 베이너, 휠톨, 꽃 테이프

How to make

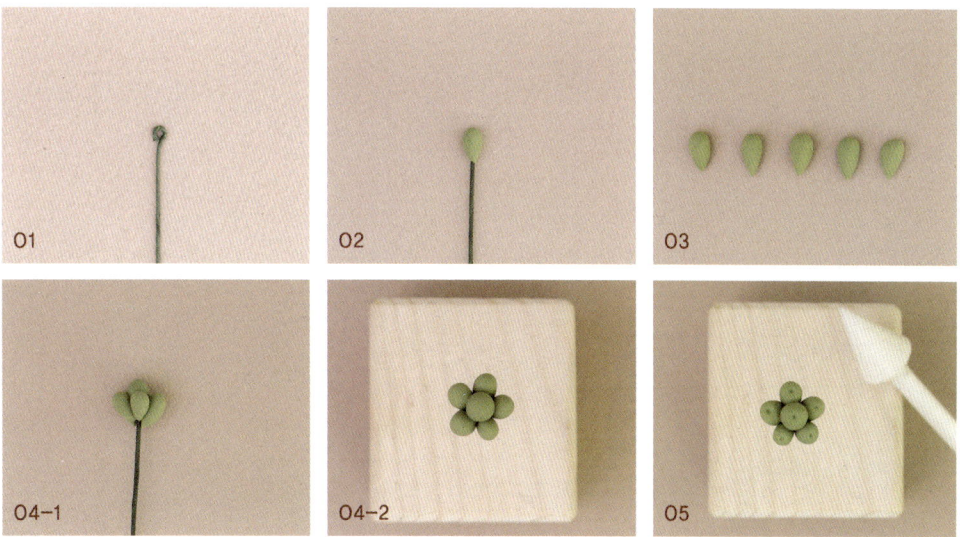

01   펜치로 18호 철사 끝부분을 작게 구부려주세요.

02   연한 올리브 그린색 클레이를 물방울 모양(0.5cm×1cm)으로 만들고, 철사 끝에 둥근 부분이 위
        로 오도록 끼운 다음 다듬어주세요.

03   같은색 클레이로 02번보다 작은 물방울 모양(0.4cm×0.7cm)을 5개 만들어주세요.
        tip 더 크게 만들어도 상관없지만, 0.4cm×0.7cm 보다 작게 만들지 않도록 주의합니다.

04   02번 철사 주위에 03번의 물방울 모양 클레이 5개를 붙여주세요.

05   마지팬 도구로 각 물방울 윗면 중앙을 찍어 작은 구멍을 만들어주세요.

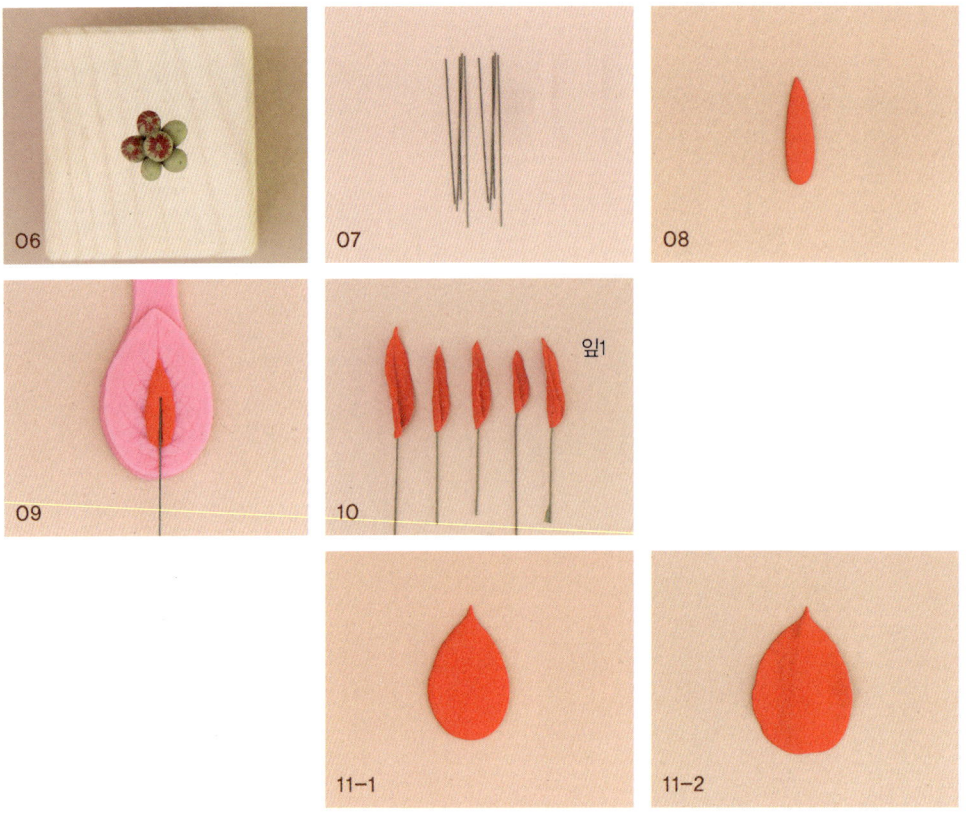

06 얇은 붓에 와인색 물감을 묻혀 구멍 주위에 선을 그어주세요. 6개의 물방울 모양 클레이 모두에
    같은 작업을 해 꽃술을 완성해주세요.

07 27호 철사를 6cm 정도 길이로 잘라 17개를 준비해주세요.

08 빨간색 클레이를 물방울 모양(0.6cm×1.5~3cm)으로 만든 다음, 손가락으로 눌러서 납작하게
    만들어주세요.

09 08번의 클레이를 장미 잎 베이너에 올려 손가락으로 눌러서 고정하고, 잎의 밑에서부터 2/3 지
    점에 27호 철사를 올린 다음 베이너를 반 접어 꼭꼭 눌러 잎1을 만들어주세요.

10 작업한 잎1의 뒷면에서 철사가 있는 가운데를 살짝 접어 철사가 안보이게 해주세요. 08~10번
    과정을 반복해 크기가 각각 다른 잎 총 5장을 만들어주세요.
    tip 1.5cm~3cm 사이 내에서 작업합니다.

11 빨간색 클레이를 물방울 모양(1.5cm×2.5cm)으로 만든 다음 손가락으로 눌러서 납작하게 펴주
    세요. 잎의 윗부분은 엄지와 검지로 꼬집듯이 집어 뾰족하게 만들고, 가장자리는 손가락으로 눌
    러 더 얇게 펴주세요.

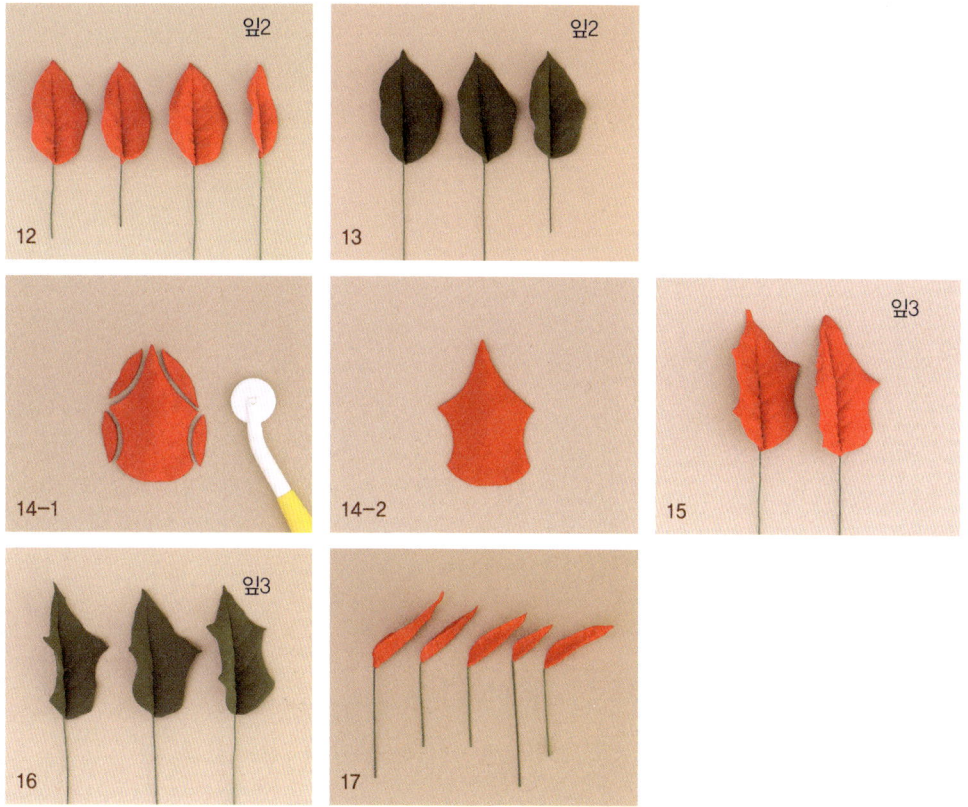

12 09~10번 과정을 반복한 다음 가장자리를 자연스럽게 손가락으로 다듬어 잎2를 만들어주세요. 같은 방법으로 총 4장을 만들되, 잎 1개는 길이는 같지만 폭은 좁게 작업해주세요.

13 진한 올리브 그린색 클레이로 11~12번 과정을 반복해 같은 크기의 잎2를 총 3장 더 만들어주세요.

14 빨간색 클레이로 11번 과정을 반복한 다음 휠툴로 양쪽 옆면을 사진과 같이 둥근 모양으로 잘라 내주세요.

15 09~10번 과정을 반복한 다음 가장자리를 손가락으로 자연스럽게 다듬어 잎3을 총 2장 만들어 주세요.

16 진한 올리브 그린색 클레이로 14~15번 과정을 반복해 잎3을 총 3장 더 만들어주세요.

17 가장 작은 잎1의 철사 끝부분을 직각으로 꺾어주세요.

18 나머지 잎2와 잎3은 철사의 2cm 정도만 꽃 테이프를 감고, 감은 철사의 1cm 정도 부분을 직각
    으로 꺾어주세요.

19 06번 꽃술의 줄기를 꽃 테이프로 감아주세요.

20 가장 작은 잎1 5장을 꽃술보다 낮은 위치에 일정한 간격으로 배치하고 꽃 테이프로 감아주세요.

21 잎1보다 더 아래쪽에 빨간색의 잎2와 잎3 6장을 배치하고 꽃 테이프로 감아주세요.

22 진한 올리브 그린색 잎 6장을 21번의 빨간색 꽃잎 아래쪽에 엇갈리게 배치한 다음 꽃 테이프로
    감아서 고정하고, 줄기 밑부분까지 꽃 테이프로 감으면 완성입니다.

달리아 *Dahlia*

6월부터 서리가 내리기 직전인 11월 초까지 꽃을 피우는 달리아는 만개하면 크기가 매우 커집니다. 꽃말이 '정열'이라 사랑하는 사람에게 선물할 때에는 '나의 정열을 당신에게 바칩니다.'라는 의미를 지닌다고 해요. 달리아로 향기로운 디퓨저 장식을 만들어볼까요?

클레이 주황색

도　구 오일, 철사(21호), 펜치, 밀대, 가위, 페탈베이너, 휠툴

How to make

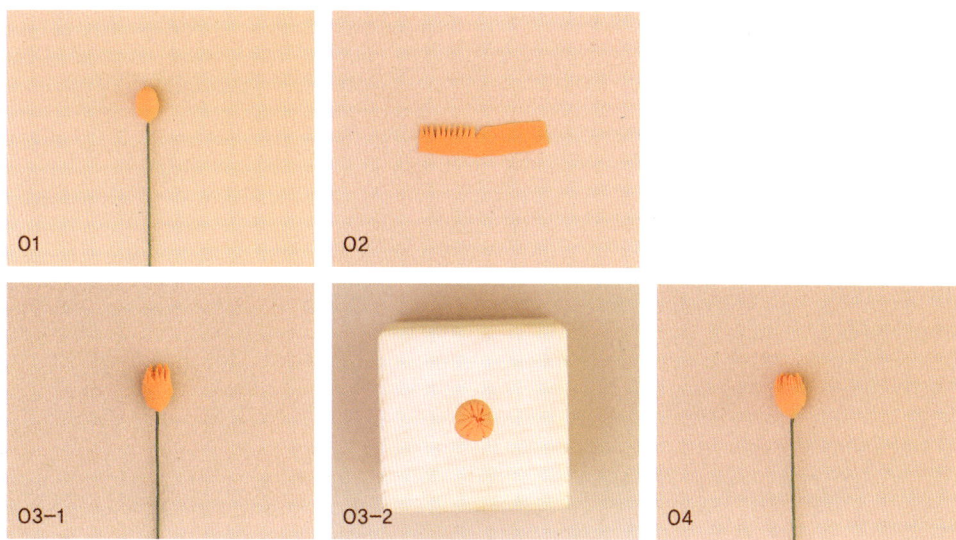

01　21호 철사 끝부분을 펜치로 작은 9자 모양으로 구부리고, 주황색 클레이 소량을 철사 끝부분에 타원(0.6cm×1cm)모양으로 끼워주세요.

02　주황색 클레이를 밀대로 민 다음 휠툴을 이용해 직사각형 모양(3cm×1.5cm)으로 잘라주세요. 그다음 가위로 윗부분을 V자 모양으로 잘라 작은 꽃잎을 만들어주세요.

03　01번의 클레이보다 약간 높은 위치에 02번의 작은 꽃잎을 붙이고, 꽃잎 윗부분은 가운데로 모아 주세요.

04　02번 과정을 반복해 작은 꽃잎을 하나 더 만들고, 이전에 붙인 꽃잎보다 살짝 더 아래쪽에 붙여 주세요.

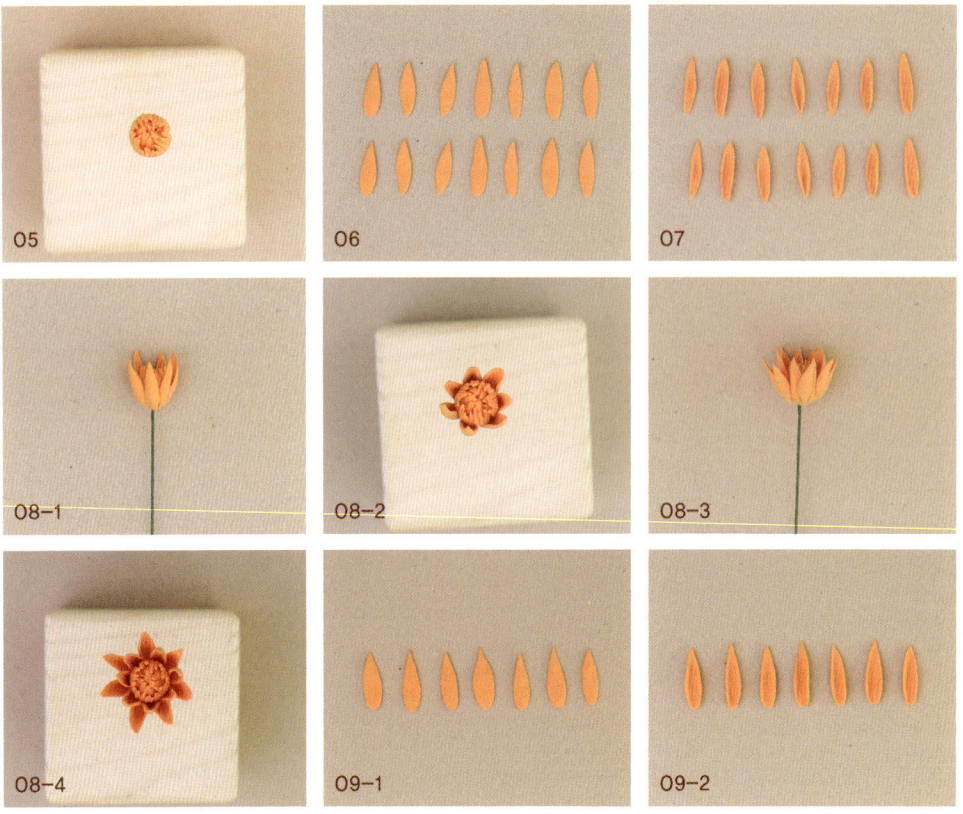

05 꽃잎 윗부분을 가운데로 모아주세요.

06 주황색 클레이를 물방울 모양(0.3cm×1cm)으로 만든 다음, 손가락으로 납작하게 눌러주세요.
총 14~15장 정도 만들어주세요.

07 06번 꽃잎을 손바닥에 올려놓고, 페탈베이너로 꽃잎 중앙부터 바깥쪽으로 밀어서 얇게 펴주세
요. 14~15장의 꽃잎 모두 동일하게 작업해주세요.

08 꽃잎 7~8장을 먼저 05번에 둘러가면서 붙여주세요. 나머지 꽃잎도 먼저 붙인 꽃잎 사이사이에
비슷한 높이로 붙여주세요.

09 06번보다 크기가 더 큰 물방울 모양(0.7cm×1.5cm)을 만들고 납작하게 누른 다음, 07번 작업
을 반복해 총 7~8장의 꽃잎을 만들어주세요.

10   09번 꽃잎을 08번에서 붙인 꽃잎 사이사이에 붙여주세요.

11   09번보다 크기가 더 큰 물방울 모양(1cm×3cm)을 만들고 납작하게 누른 다음, 07번 작업을 반복해 총 7~8장의 꽃잎을 만들어주세요. 그다음 10번에서 붙인 꽃잎 사이사이에 붙여주세요.

12   11번보다 크기가 더 큰 물방울 모양(1.5cm×3.5cm)을 만들고 납작하게 누른 다음, 07번 작업을 반복해 총 14~15장의 꽃잎을 만들어주세요. 그다음 11번에서 붙인 꽃잎 사이사이에 붙이면 완성입니다.

라일락 *Lilac*

진한 라일락 향기를 맡으면 따뜻한 봄이 왔다는 것이 더욱 실감나죠. 하얀 꽃잎이 마음을 더욱 따뜻하게 해주는 것 같아요. 코끝을 간질이는 라일락 향기는 지난날의 추억을 불러 일으키곤 해요.

클레이 연한 올리브 그린색, 올리브 그린색, 흰색

도 구 오일, 펜치, 흰색 철사(27호), 휠툴, 가위, 대나무 꼬치, 마지팬 도구, 꽃 테이프

How to make

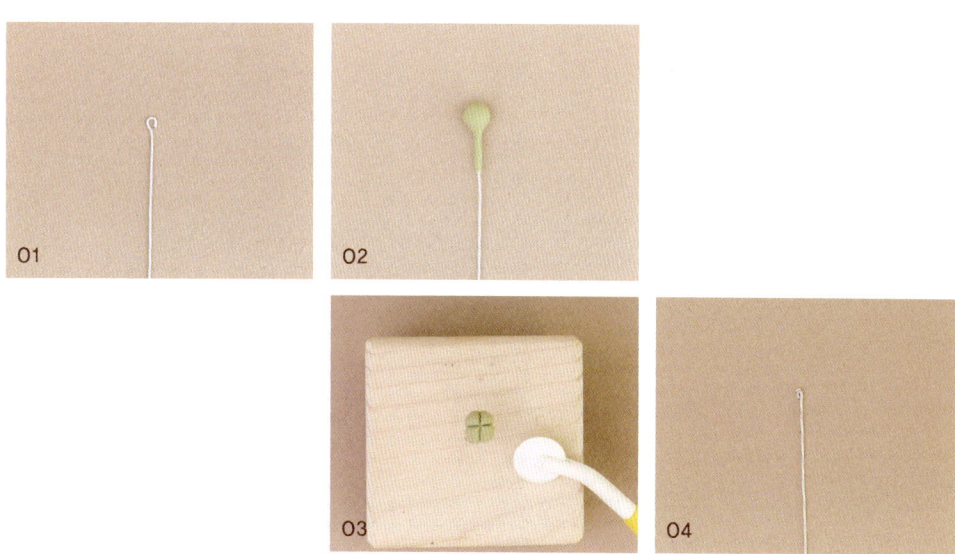

01 펜치로 4cm 길이의 27호 흰색 철사 끝부분을 작은 9자 모양으로 구부려주세요.

02 올리브 그린색 클레이를 0.3cm 정도 크기로 동그랗게 만든 다음 철사에 끼워주세요. 손가락으로 클레이의 밑부분을 밑으로 끌어 내리고 다듬어 꽃봉오리를 만들어주세요.

03 휠툴로 꽃봉오리 윗부분에 십자(十) 모양으로 선을 그어주세요. 01~03번 과정을 반복해 올리브 그린색, 연한 올리브 그린색, 흰색 클레이로 총 13~15개의 꽃봉오리를 만들어주세요.
   tip 올리브 그린색 5개, 연한 올리브 그린색 6개, 흰색 클레이 3개 정도를 만듭니다.

04 펜치로 4cm 길이의 27호 흰색 철사 끝부분을 살짝 구부려주세요.

05 흰색 클레이를 물방울 모양(0.4cm×1cm)으로 만들어주세요.

> tip 꽃 크기를 더 크게 하고 싶다면 물방울 모양 크기를 더 크게 만들어도 되지만, 라일락은 작은 꽃이므로 너무 커지지 않게 주의합니다.

06 가위로 둥근 윗부분을 잘라 2등분 하고, 자른 각 부분을 한 번 더 잘라 총 4장의 꽃잎을 만들어주세요.

07 4장의 꽃잎을 십자(十) 모양으로 벌리고, 엄지와 검지로 자른 각 부분을 눌러서 납작하게 펴주세요.

08 한 손으로 꽃잎을 지탱한 상태에서 대나무 꼬치로 꽃잎의 중앙에서 바깥쪽으로 밀어서 펴고, 꽃잎 끝부분은 꼬치를 세워서 펴주세요.

09 마지팬 도구로 꽃의 가운데 부분을 눌러 구멍을 만들어주세요.

10 09번 꽃을 04번 철사에 끼워 위로 올린 다음 밑부분을 다듬어주세요.

11 04~10번 작업을 반복해 총 24~30송이 정도의 라일락 꽃을 만든 다음 꽃 테이프로 줄기의 1cm 정도만 감아주세요.

12-1   12-2

13-1   13-2

14-1   14-2

12   03번의 올리브 그린색 꽃봉오리 1개를 중심으로 약간 높이를 낮춰서 남은 올리브 그린색 꽃봉오리와 연한 올리브 그린색 꽃봉오리를 적당히 섞어 주변에 두른 다음 꽃 테이프로 감아서 고정해 주세요.

13   높이를 더 낮춰서 흰색 꽃봉오리를 배치하고, 사이사이에 라일락 꽃을 넣어 꽃 테이프로 감아주세요.

     tip 꽃은 크기가 가장 작은 꽃부터 엮습니다.

14   나머지 꽃들도 같은 방식으로 높이를 조금씩 낮춰서 주변에 두르고 꽃 테이프로 감아 고정하면 완성입니다.

목화

Cotton plant

목화는 여름부터 서리가 내릴 때까지 꽃을 피웠다가, 꽃이 지는 가을에서 초겨울로 넘어갈 때 목화솜을 터뜨립니다. 하얗고 몽글몽글한 목화솜을 보고 있으면 마음도 따뜻해지는 것 같아요. 화병과 리스로 만들어 집안에 따뜻함을 더해보세요.

클레이 갈색

도　구 오일, 솜, 가위, 철사(18호), 목공 풀, 꽃 테이프

How to make

01 갈색 클레이를 물방울 모양(1.5cm×5.5cm)으로 만들어주세요.

02 클레이의 둥근 부분을 세로로 3cm 정도 자르고 펼쳐주세요.
    tip 작게 만들고 싶으면 2cm 정도만 자릅니다.

03 자른 부분을 각각 한 번 더 잘라 네 갈래로 만들고 십자(十) 모양으로 벌려주세요.

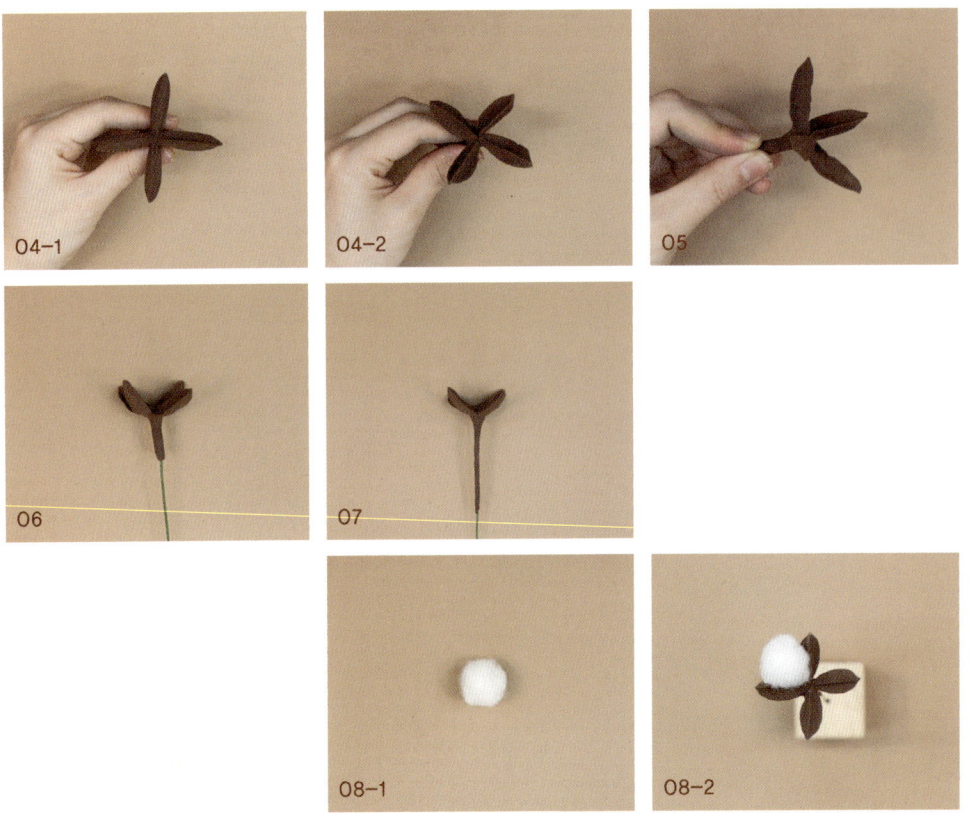

04　한 갈래의 잘린 단면을 손가락으로 꼬집듯이 매만져서 중앙에 뾰족한 산을 만든 다음, 산 부분을
　　제외한 양쪽 옆면을 손가락으로 눌러서 펴주세요. 나머지 부분도 동일하게 작업해주세요.

05　잎을 위쪽 방향으로 곡선 형태가 되도록 세워주세요.

06　18호 철사 끝에 2~3cm 정도 목공 풀을 바르고 05번을 끼워주세요.

07　줄기 부분의 클레이를 아래쪽으로 끌어내리면서 얇게 펴주세요.

08　솜을 조금 떼어 동그랗게 뭉친 다음 07번의 잎 위에 올려놓고 재보면서 크기를 조정해주세요.

09 비슷한 크기의 솜뭉치 3개를 더 만든 다음 목공 풀로 잎 사이에 붙여주세요. 솜이 잘 붙도록 솜과 솜 사이에도 목공 풀을 발라주세요.

10 갈색 클레이를 물방울 모양(0.3cm×2.5cm)으로 만든 다음 손가락으로 눌러서 얇게 펴주세요. 같은 방법으로 총 2개를 만들어주세요.

11 10번을 09번의 잎 아래에 좌우 대칭이 되도록 붙여주세요. 01~11번 과정을 반복해서 목화를 원하는 만큼 더 만들어주세요.

12 꽃 테이프로 목화 줄기를 감으면서 나머지 목화를 원하는 위치에 배치하고 함께 감아주세요.

13 갈색 클레이로 줄기 부분을 얇게 감싸면서 다듬으면 완성입니다.

목련

Magnolia

잎이 나기도 전에 먼저 꽃망울을 터뜨려 봄소식을 전하는 목련입니다. 커다란 나무에서 활짝 핀 모습이 정말 아름답지만 개화 기간이 매우 짧아서 아쉬운 꽃입니다. 이제 영원히 시들지 않는 목련을 만들어보세요. 은은하게 타오르는 캔들과 잘 어울릴 거예요.

클레이 연한 올리브 그린색, 크림색, 흰색, 짙은 갈색

도 구 오일, 철사(18호), 흰색 철사(27호), 가위, 밀대, 휠툴, 펜치, 수채화 물감(아크릴 물감), 붓, 꽃 테이프(갈색)

How to make

01 연한 올리브 그린색 클레이를 물방울 모양(0.5cm×3cm)으로 만든 다음 뾰족한 부분이 위로 가도록 18호 철사에 끼우고 밑부분을 다듬어주세요.

02 가위를 세워 가위 끝으로 클레이를 조금씩 잘라 암술을 만들어주세요. 수술을 붙일 밑부분만 조금 남기고 빼곡히 잘라주세요.

03 크림색 클레이를 6cm×1.5cm 정도의 길이로 길게 밀어주세요. 모양이 들쭉날쭉하면 휠툴로 잘라 깔끔하게 정리해주세요.

04 길게 민 클레이를 암술을 1바퀴 두를 정도의 길이로 자르고, 긴 면을 1mm 간격으로 자른 다음 양손으로 살짝 잡아 늘려 수술을 만들어주세요.

05 02번에서 작업한 암술 밑부분에 수술을 둘러 붙이고, 윗부분은 암술에 붙지 않도록 아래로 벌려 주세요.

06 04번에서 자르고 남은 클레이를 1mm 간격으로 얇게 자른 다음 05번의 수술 사이사이 빈 공간에 붙여주세요.

07 27호 흰색 철사를 8cm 길이로 잘라 6개를 준비해주세요.

08 흰색 클레이와 크림색 클레이를 반씩 섞어서 연한 크림색 클레이를 만들어주세요.

09 연한 크림색 클레이를 타원 모양(3.5cm×7cm)으로 만든 다음, 철사를 클레이의 밑에서부터 1/5지점에 놓고 눌러 고정해주세요.

   tip 더 큰 꽃잎을 만들고 싶다면, 반죽을 더 크게 만들면 됩니다.

10 철사 주변 클레이를 안쪽으로 밀어 철사를 가리고, 밀대를 이용해 전체적으로 살짝 밀어주세요. 철사가 없는 바깥쪽 부분은 한 번 더 밀어주세요.

11 휠툴로 원하는 꽃잎 크기와 모양으로 자른 후, 꽃잎의 끝부분만 밀대로 얇게 밀어주세요.

   tip 더 큰 크기로 잘라 큰 꽃잎을 만들어도 괜찮습니다.

12 작업한 꽃잎을 손바닥 가운데 움푹 파인 부분에 놓고, 손가락으로 꽃잎 가운데를 둥글게 문질러 꽃잎에 입체감을 주세요. 그다음 꽃잎 가장자리 부분을 자연스럽게 다듬어주세요.

13 09~12번 과정을 반복하여 총 6장의 꽃잎을 만들어주세요.

   tip 꽃잎 형태를 유지하려면 어느 정도 굳은 상태에서 엮어야 하니 꽃잎이 마르는 동안 색 작업을 합니다.

14 암술 끝부분에는 연한 노란색 물감을 칠하고 수술 끝부분에는 적갈색 물감을 앞뒤로 칠해주세요.

15   짙은 갈색 클레이로 물방울 모양(1.5cm×1cm)을 2개 만들어주세요.

16   물방울 모양 클레이를 손가락으로 꾹꾹 눌러 넓게 펴 꽃받침을 만들고 손바닥의 움푹 파인 곳에
       올려놓고 손가락으로 둥글게 문질러 입체감을 주세요.

17   **14**번에 **13**번의 꽃잎 중 3장을 3등분 해서 배치하고, 갈색 꽃 테이프를 감아 엮어주세요.

18   처음 엮은 꽃잎보다 높이를 낮춰 남은 3장의 꽃잎도 배치한 다음 꽃 테이프로 엮어주세요.

19   **16**번의 꽃받침을 꽃 아래에 좌우대칭이 되도록 붙이면 완성입니다.

     tip 굳어서 붙지 않을 경우에는 물이나 목공 풀을 끝부분에 살짝 묻힌 다음 붙이면 됩니다.

ELLETRAVEL

Obsessed: Nepal

i promise
to be the world's
best listener

카네이션

Carnation

5월이 되면 가장 많은 관심과 사랑을 받는 꽃이죠. 그동안 전하지 못했던 감사한 마음을 전해주는 고마운 꽃, 카네이션입니다. 빨간 꽃잎의 카네이션이 가장 먼저 떠오르지만, 이번에는 다양한 색으로 특별한 카네이션 액자를 만들어 장식해보세요. 선물하기에도 안성맞춤이랍니다.

클레이 연한 올리브 그린색(원하는 꽃잎 색), 올리브 그린색

도 구 오일, 철사(21호), 밀대, 프릴 커터(4.8cm), 페탈베이너, 펜치, 휠툴, 수채화 물감(아크릴 물감), 붓, 꽃 테이프

How to make

01 연한 올리브 그린색 클레이를 1cm 크기로 동그랗게 만든 다음, 밀대를 이용해 1mm 두께로 얇게 밀어주세요.

02 프릴 커터(4.8cm)를 얇게 민 클레이 위에 올리고 한쪽 손으로 누른 상태에서 반대편 손으로 남은 반죽을 분리해주세요.

03 자른 클레이의 가장자리만 밀대로 한 번 더 밀어 얇게 만들어주세요.

04 작업한 꽃잎을 손에 올려놓고, 꽃잎 가장자리를 페탈베이너로 얇게 펴면서 자연스럽게 프릴을 만들어주세요.

05 꽃잎을 살짝 반으로 접어 손가락으로 프릴이 없는 가운데를 눌러 붙여주세요.
   tip 잘 붙지 않는다면 물을 살짝 발라서 붙입니다.

06 꽃잎 끝 부분을 1/3 지점에서 접어 붙여주세요. 이때 프릴이 망가지지 않도록 주의하세요.

07 꽃잎을 뒤집어 반대편도 06번과 똑같이 1/3 지점에 붙이고, 손가락으로 아래쪽의 프릴이 없는 부분의 꽃잎을 모아주세요.

08 펜치로 21호 철사의 끝부분을 살짝 구부리고, 07번의 꽃잎을 끼워주세요. 펜치로 구부린 철사 끝부분이 작업한 꽃잎의 밑부분에 고정되도록 꽃잎을 올려주세요.

09 연한 올리브 그린색 클레이로 01~04번 과정을 반복해 총 2장의 꽃잎을 준비해주세요.

10 꽃잎 1장의 가운데에 08번 철사를 끼워 올린 다음 엄지와 검지로 꽃잎 중간중간을 접어가면서 꽃잎을 모아주세요.

11 10번의 꽃잎을 꽃의 밑부분에 붙이고 손가락으로 눌러서 모양을 잡아주세요.

12 나머지 꽃잎 1장도 10~11번 과정을 반복해주세요.

13 연한 올리브 그린색 클레이를 소량 떼어 동그랗게 만든 후, 12번의 철사에 끼워 올린 다음 다듬
어서 꽃 아래에 기둥을 만들어주세요.

14 올리브 그린색 클레이를 소량 떼어서 물방울 모양(0.5cm×1cm)으로 만들고, 엄지와 검지로 납
작하게 눌러 총 5개의 꽃받침을 만들어주세요.

15   꽃받침을 카네이션 아래 기둥에 둘러가면서 붙이고, 휠툴로 꽃받침을 밑에서 위로 그어주면서 자연스럽게 잎맥을 만들어주세요.

16   카네이션 색보다 진한 색 또는 다른 색 물감으로 꽃잎의 끝부분을 칠해주세요.
　　tip 꽃잎 끝부분이 얇기 때문에 물의 양이 너무 많으면 클레이가 녹을 수 있으니 물은 조금만 사용합니다.

17   꽃받침 밑부분을 올리브 그린색 물감으로 진하게 칠해주세요.

18   꽃 테이프로 줄기를 감으면 완성입니다.

Part 3

Party

소중한 사람들과 함께하는 행복한 시간, 파티를 더
욱 돋보이게 만들어 주는 꽃을 직접 만들어 장식해
보세요. 여기서는 클레이 케이크, 클레이 머핀, 클
레이 쿠키 등 플라워 외에 다양한 소품을 만드는
방법도 함께 소개합니다.

옥시페탈룸

Oxypetalum

뾰족한 다섯 개의 꽃잎이 마치 별을 닮았다하여 블루스타라고도 불리는 옥시페탈룸입니다. 크고 화려하지는 않지만, 앙증맞고 수수한 모습이 다른 꽃들 사이에 섞여 있을 때 진가를 발휘합니다. 다른 꽃들과 함께 커피 잔을 장식해보세요. 더욱 향기로운 티타임을 즐길 수 있을 거예요.

128

클레이 하늘색, 파란색, 흰색, 연한 올리브 그린색

도 구 오일, 철사(27호), 흰색 철사(27호), 가위, 마지팬 도구, 장미 잎 베이너, 수채화 물감(아크릴 물감), 붓, 꽃 테이프

How to make

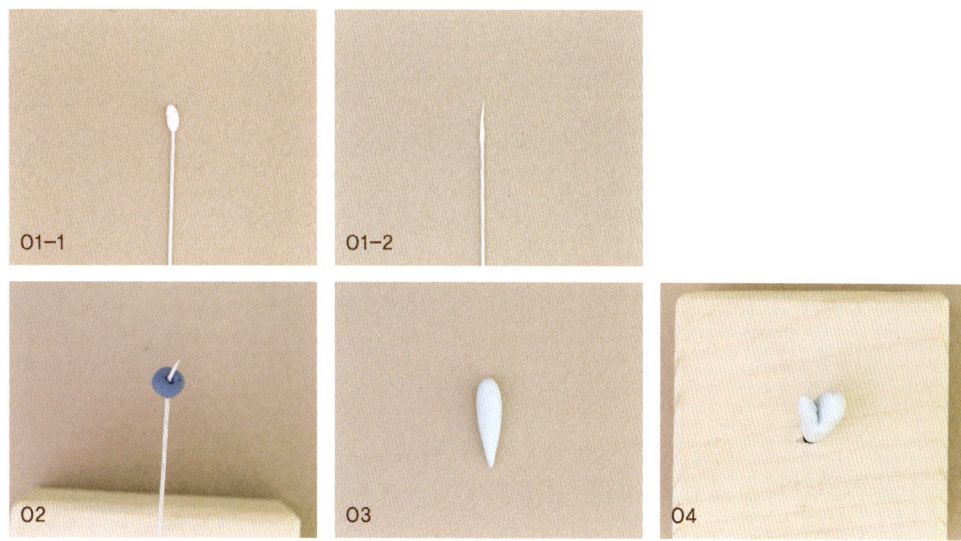

01 흰색 클레이를 아주 소량 떼어내 27호 흰색 철사 끝부분에 붙이고, 엄지와 검지로 클레이를 비벼서 실처럼 얇게 펴 꽃술을 만들어주세요.

02 파란색 클레이를 소량 떼어 타원형으로 길게 만든 다음, 01번 꽃술 주위에 둘러서 붙여주세요. 만약 클레이의 길이가 길다면 가위로 잘라주세요.

03 하늘색 클레이를 물방울 모양(0.5cm×1cm)으로 만들어주세요.

04 위에서 봤을 때 중앙이 아닌 2/3 지점을 가위로 잘라주세요.

05   자른 부분을 펼친 다음 큰 부분은 3개로, 작은 부분은 2개로 잘라주세요.

06   엄지와 검지로 자른 부분을 눌러 얇게 펴주세요.

07   마지팬 도구로 꽃 중앙을 살짝 찔러 구멍을 만들어주세요.

08   02번의 꽃술 철사에 꽃을 끼워서 올려주세요. 01~08번 과정을 반복하여 총 5송이 정도 만들어
       주세요.

09   연한 올리브 그린색 클레이를 0.3cm 정도 크기로 동그랗게 4~5개 만들어주세요.

10   물방울 모양으로 만든 다음 엄지와 검지로 납작하게 눌러 꽃받침을 만들어주세요.

11 꽃받침을 08번의 꽃 밑부분에 둘러가며 붙여주세요. 09~10번 과정을 반복해 꽃받침을 더 만들고 나머지 꽃에도 붙여주세요.

12 연한 올리브 그린색 클레이를 긴 타원 모양(1.5cm~2cm)으로 만들어주세요.

13 손가락으로 눌러 납작하게 만든 다음, 장미 잎 베이너에 꼭 눌러서 고정시켜주세요. 잎 밑에서부터 2/3 지점에 27호 녹색 철사를 놓고 장미 잎 베이너를 반으로 접어 눌러주세요.

14 철사가 안보이도록 엄지와 검지로 뒷부분을 접고, 자연스러운 잎 모양으로 다듬어주세요. 잎보다 진한 색 물감으로 잎 앞면을 칠해주세요. 잎은 총 2~3장 정도 준비해주세요.

15 꽃잎의 끝부분에 보라색 또는 파란색 물감을 칠해주세요.

16 작업한 꽃의 줄기 부분을 꽃 테이프로 감아주세요.

17 꽃송이들을 두 그룹으로 나누고 각각의 높이가 다르게 배치하여 꽃 테이프로 감아주세요. 그다음 원하는 위치에 잎을 넣어 같이 감아주세요.

18 옥시페탈룸 두 줄기를 높이가 다르게 배치하고 꽃 테이프로 감아 한 줄기로 엮으면 완성입니다.

부바르디아

Bouvardia

청초하고 순수한 매력의 흰색 부바르디아는 웨딩 부케로도 많이 사용되곤 합니다. '나는 당신의 포로가 되었습니다.'라는 아름다운 꽃말을 가진 부바르디아는 한두 송이만 모여 있어도 너무 예쁘니 선물상자를 꾸미는 데에도 제격입니다. 파티를 위한 선물을 준비할 때 만들어보세요.

클레이   흰색, 진한 올리브 그린색
도   구   오일, 흰색 철사(27호), 가위, 마지팬 도구, 펜치, 수채화 물감(아크릴 물감), 붓, 꽃 테이프

How to make

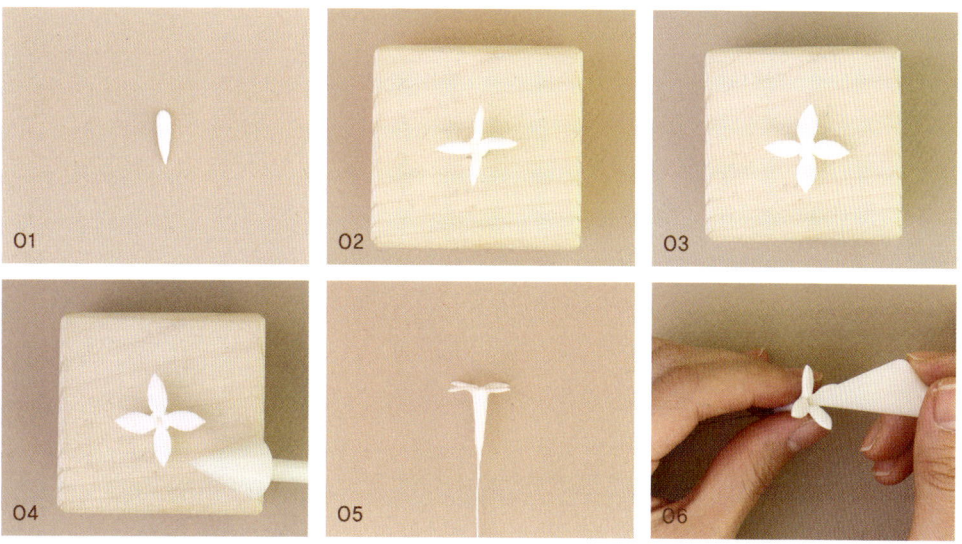

01   흰색 클레이를 물방울 모양(0.5cm×1cm)으로 만들어주세요.
        tip 모양이 조금 커져도 괜찮지만, 부바르디아는 작은 꽃이므로 너무 커지지 않게 주의합니다.

02   가위로 둥근 부분을 반으로 자르고 펼친 다음, 자른 부분을 다시 반으로 잘라 십자(＋) 모양으로
        펼쳐주세요.

03   자른 부분을 엄지와 검지로 납작하게 누르고, 꽃잎 끝부분을 꼬집어 뾰족하게 만들어주세요.

04   마지팬 도구로 꽃 가운데 부분을 살짝 눌러 구멍을 내주세요.

05   27호 흰색 철사에 끼워 올리고, 밑부분을 다듬어주세요.

06   마지팬 도구로 부바르디아 꽃의 가운데 구멍을 다듬어 정사각형 모양으로 만들어주세요.

07 꽃잎 사이사이를 마지팬 도구로 눌러서 꽃잎과 꽃잎을 분리해주세요. 01~07번 과정을 반복해 부바르디아 꽃을 총 5~7송이 정도 만들어주세요.

08 27호 흰색 철사 끝부분을 펜치로 구부려 작은 9자 모양으로 만들어주세요.

09 흰색 클레이를 동그랗게(0.5~0.7cm) 만들고 철사 끝부분에 끼워주세요. 손가락으로 밑부분을 끌어내려 자연스럽게 다듬어주세요.

10 꽃봉오리 윗부분을 엄지와 검지로 꼬집듯이 살짝 잡아 당겨 총 4개의 면을 만들어주세요. 08~09번 과정을 반복해 꽃봉오리 총 3개를 만들어주세요.

11 진한 올리브 그린색 클레이로 동그란 덩어리(0.3~0.4cm) 2개를 만들어주세요.

12 물방울 모양으로 만든 다음 손가락으로 납작하게 눌러 꽃받침을 만들어주세요. 11~12번 과정을 반복하여 꽃과 꽃봉오리 수에 맞게 꽃받침을 더 만들어주세요.

13 꽃받침을 작업한 꽃과 꽃봉오리 밑부분에 좌우대칭으로 붙여주세요.

14 스위트피(68p)를 참고하여 진한 올리브 그린색 클레이로 잎을 만들어주세요. 잎 크기는 대략
    2.2cm×4cm 정도로 크기가 다르게 2~3장 정도 준비해주세요.

15 잎 앞면에 전체적으로 진한 녹색 물감을 칠해주세요.

16 올리브 그린색 물감으로 꽃받침과 꽃(꽃봉오리)의 경계선을 연하게 칠해주세요. 꽃봉오리의 윗
    부분도 얇은 붓으로 연하게 칠한 다음 꽃 테이프로 줄기를 감아주세요.

17 작업한 꽃과 꽃봉오리를 높이가 다르게 배치한 다음 꽃 테이프로 감아서 고정해주세요.

18 잎을 원하는 위치에 넣고 같이 꽃 테이프로 감으면 완성입니다.

천일홍

Globe Amaranth

이름 그대로 천일동안 지지 않는 꽃, 천일홍입니다. 가늘고 기다란 줄기 끝에 산딸기처럼 작고 동그란 꽃이 피어나, 무더운 초여름부터 선선한 늦가을 서리 내릴 때까지 그 모습을 유지합니다. '변치 않는 사랑'이라는 꽃말을 가지고 있어 사랑하는 사람에게 선물하기 더 없이 좋은 꽃입니다. 천일홍으로 파티를 위한 선물상자를 장식해보세요.

Material

클레이 흰색, 연보라색, 연한 올리브 그린색

도 구 오일, 펜치, 흰색 철사(27호), 가위, 꽃 테이프

How to make

01 펜치로 27호 흰색 철사 끝부분을 9자 모양(지름 0.5cm)으로 구부려주세요.

02 흰색 클레이를 타원 모양(0.8cm×1.2cm)으로 만들어주세요.

03 연보라색 클레이를 동그랗게 만든 다음 손가락으로 눌러서 4cm 정도 크기로 얇게 펴고, 02번 클레이를 세워서 가운데에 붙여주세요.

04 흰색 클레이가 보이지 않도록 연보라색 클레이로 감싸고, 01번 철사 끝부분에 끼운 다음 클레이 밑부분을 다듬어주세요.

05 가위를 세워서 가위 끝으로 클레이의 윗면을 촘촘하게 잘라주세요. 그다음 가위를 약간 눕혀서 아랫부분을 잘라주세요.

06 빈부분이 없도록 표면을 꼼꼼하게 가위로 잘라 꽃을 완성해주세요.

07 연한 올리브 그린색 클레이를 물방울 모양(0.3cm×0.5cm)으로 만든 다음 손가락으로 납작하게 눌러주세요.

08 작업한 꽃 밑부분 양쪽에 좌우대칭으로 붙여주세요. 01~08번 과정을 반복하여 총 3송이를 만들어주세요.

09 천일홍의 줄기 부분을 꽃 테이프로 감아주세요.

10 천일홍 1송이에 다른 천일홍 1송이를 대고 꽃 테이프로 감다가 중간에 남은 1송이를 넣고 줄기 끝까지 감으면 완성입니다.

칼라
Calla

시작과 끝을 의미하는 꽃, 칼라입니다. 칼라는 새로운 시작인 결혼식의 부케로 많이 사용
되지만, 삶의 마지막인 장례식의 조의용 꽃으로도 사용됩니다. 부드럽고 고혹적인 분위기
의 칼라를 센터피스로 만들어 파티를 장식해보세요.

클레이 연한 노란색, 크림색(원하는 꽃잎 색)

도 구 오일, 철사(16호), 칫솔 또는 솔, 펜치, 꽃 테이프, 밀대, 휠툴, 페탈베이너, 수채화 물감(아크릴 물감), 붓

How to make

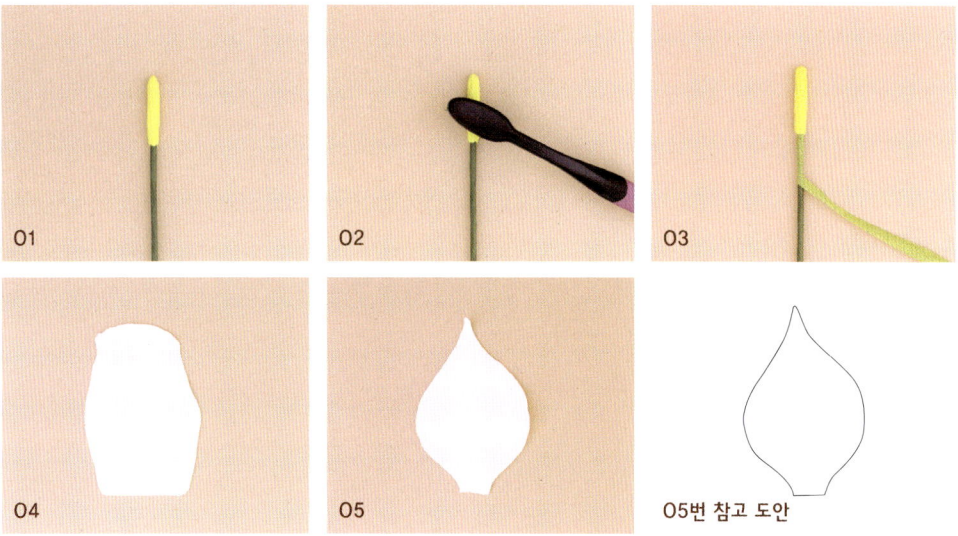

01

02

03

04

05

05번 참고 도안

01 연한 노란색 클레이를 소량 떼어서 16호 철사 끝부분에 3cm 정도 길이로 얇게 붙이고, 윗면은 둥근 모양으로 다듬어 암술을 만들어주세요.

02 칫솔이나 솔로 암술 표면을 전체적으로 누르면서 자국을 내주세요.

03 펜치로 철사를 원하는 줄기 길이로 자르고 꽃 테이프를 감아주세요.

04 크림색 클레이를 1~2mm 두께로 밀어 4cm×7cm 정도 크기로 만들고 휠툴로 밑부분을 일자로 잘라주세요.

05 휠툴로 밑부분은 항아리 모양으로, 윗부분은 뾰족하게 자르고 밀대로 꽃잎 끝부분을 밀어 얇게 만들어주세요.

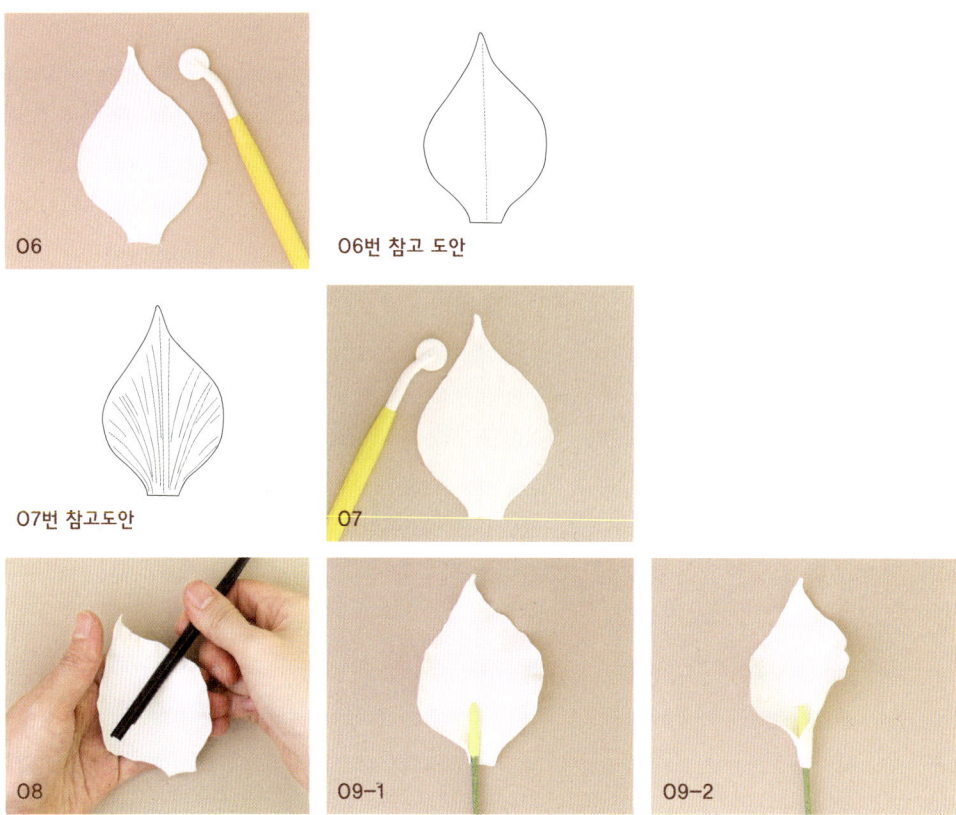

06   06번 참고 도안

07번 참고도안   07

08   09-1   09-2

06   꽃잎 가운데 부분에 휠툴로 선을 그어주세요. 잎이 잘리지 않도록 주의하며 작업해주세요.

07   가운데 부분을 중심으로 꽃잎 가장자리까지 휠툴로 촘촘하게 선을 그어주세요. 가장자리로 갈수록 곡선 모양이 되도록 작업해주세요.

08   페탈베이너의 문양이 없는 뒷부분으로 꽃잎 가장자리에 프릴을 만들어주세요.

09   03번 암술에 꽃잎 밑부분을 1바퀴 둘러 붙여주세요.

10 손가락으로 꽃잎 끝부분을 뒤로 젖혀 자연스러운 꽃잎 모양으로 다듬어주세요.

11 크림색 클레이를 아주 소량만 떼어서 철사와 꽃잎 경계선 부분에 2cm 길이로 얇게 붙여주세요.

12 올리브 그린색 물감으로 철사와 꽃잎 경계선 부분을 밑에서 위쪽 방향으로 칠해주세요.

13 붓에 묻은 물의 양을 최소화한 다음, 꽃잎의 밑부분을 밑에서 위쪽 방향으로 연하게 칠해주세요.

14 꽃잎의 가장자리 부분도 올리브 그린색 물감으로 살짝 칠하면 완성입니다.
    tip 이 과정은 생략할 수도 있습니다.

거
베
라
Gerbera

길쭉한 꽃잎 한 장 한 장이 둥그렇게 손을 잡고 있는듯한 거베라입니다. 활짝 핀 꽃잎이 사이 좋게 모여있는 모습은 생기 있고 밝은 느낌을 더해주는 것 같아요. 다양한 파스텔톤의 거베라로 가랜드를 만들어서 파티의 분위기를 한층 화사하게 바꿔보세요.

클레이 연한 올리브 그린색, 노란색, 크림색(원하는 꽃잎 색), 흰색

도 구 오일, 펜치, 철사(18호), 가위, 밀대, 휠툴, 폼패드, 페탈베이너

How to make

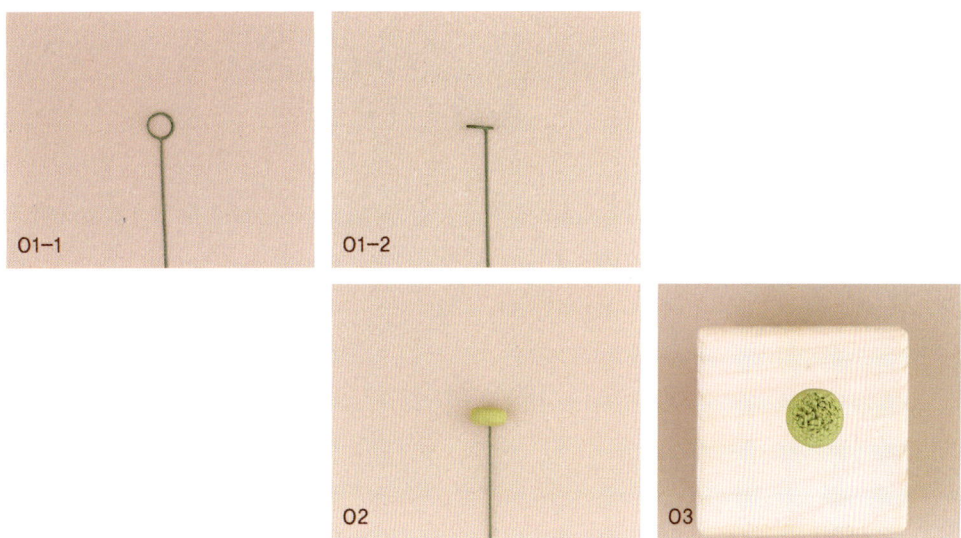

01   18호 철사 끝부분을 펜치로 구부려 9자 모양(지름 1cm)으로 만들고 직각으로 구부려주세요.

02   연한 올리브 그린색 클레이를 1.3cm 크기로 동그랗게 만들고 9자 모양의 철사에 꽂아 위아래 표면을 다듬어주세요.

03   사진과 같이 클레이의 윗면을 가위의 끝부분으로 잘라 가위집을 내주세요. 바깥 부분부터 안쪽 부분까지 꼼꼼하게 가위집을 내 수술을 만들어주세요.

04 크림색 클레이를 1mm 두께로 얇게 밀고 16cm×1.5cm 정도 크기의 직사각형 모양으로 휠툴을
   이용해서 잘라주세요.

05 04번 클레이의 긴 면을 가위로 1mm 이하로 최대한 가늘게 잘라주세요.

06 노란색 클레이도 얇게 밀어 5.5cm×1.5cm 정도 크기로 자른 다음 05번 과정을 반복해주세요.

07 05번을 03번 수술에 1바퀴 두를 정도의 길이로 자르고, 나머지 클레이는 잠시 남겨두세요.

08 07번의 꽃잎을 수술보다 높게 1바퀴 둘러서 붙이고, 붙인 꽃잎 끝을 손가락으로 수술 안쪽으로
   밀어주세요.

09 06번의 노란색 꽃잎을 같은 높이로 1바퀴 둘러서 붙인 다음, 바깥쪽에 07번에서 남겨둔 꽃잎을
   1바퀴 둘러서 붙이고 한 번 더 반복하여 총 2장을 붙여주세요.

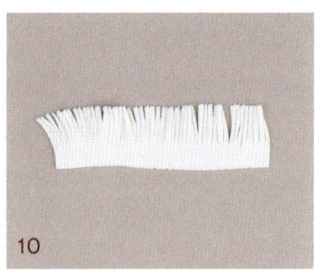

10 크림색에 흰색 클레이를 섞어 연한 크림색 클레이를 만들고, 04번 과정을 반복해주세요. 클레이의 긴 면을 가로로 1mm~2mm 간격으로 잘라 중간 꽃잎을 만들어주세요.

11 중간 꽃잎을 09번 꽃 주변에 1바퀴 둘러 붙이고 한 번 더 반복하여 총 2장을 붙여주세요.

12 연한 크림색에 흰색 클레이를 섞어 더 연한 크림색의 클레이를 만든 다음 1cm 크기의 동그란 모양 12개를 만들어주세요.

13 동그란 클레이를 긴 물방울 모양(0.5cm×3cm)으로 만든 다음, 손가락으로 눌러서 납작하게 만들어주세요. 총 12개를 동일하게 작업하고, 먼저 작업한 순서대로 꽃잎을 밀대로 더 얇게 밀어주세요.

tip 모양이 길수록 꽃잎 길이를 길게 만들 수 있습니다.

14 먼저 작업한 순서대로 꽃잎을 폼패드 위에 올리고 페탈베이너로 가운데 부분을 좌우로 밀어서
    꽃잎에 입체감을 주세요.

15 11번의 거베라 주변에 일정한 간격으로 꽃잎을 붙여주세요.
    tip 잘 붙지 않으면 목공 풀을 바른 다음 작업하면 됩니다.

16 12~14번 과정을 반복해 꽃잎 12장을 더 만든 다음, 15번의 거베라 주위를 둘러가면서 꽃잎 사이
    사이에 붙이면 완성입니다.

스카비오사

Scabiosa

가을에 피는 꽃, 스카비오사입니다. 솔체꽃이라고도 부르는 스카비오사는 특유의 하늘하늘한 매력 때문에 한두 송이만 있어도 눈길을 사로잡아요. 케이크 토퍼를 만들어 싱그러운 느낌을 더해볼까요?

클레이 연한 올리브 그린색, 하늘색(원하는 꽃잎 색)

도 구 오일, 가위, 펜치, 철사(18호), 프릴 커터(4.8cm), 목공 풀, 페탈베이너, 붓, 수채화 물감(아크릴 물감), 밀대

How to make

01 연한 올리브 그린색 클레이를 0.2cm 정도 크기로 동그랗게 80~85개 정도 만들어주세요.

02 18호 철사 끝을 펜치로 구부려 1cm 크기로 동그랗게 만든 다음 직각으로 구부려주세요.

03 연한 올리브 그린색 클레이를 1cm 크기로 동그랗게 만든 다음 02번의 철사 윗부분에 목공 풀을
　　　발라 끼워주세요. 그다음 클레이 윗부분을 살짝 눌러서 1.3~1.5cm 크기로 다듬어주세요.

04 01번의 클레이를 비슷한 크기끼리 분류해주세요.
　　　tip. 클레이가 단단하게 굳은 다음 작업하는 것이 편합니다.

05 03번 클레이 윗면에 목공 풀을 바른 다음 04번에서 분류해 놓은 클레이 중 가장 작은 클레이에
　　　콕 찍듯이 갖다 대어 붙여주세요. 붙은 클레이들은 빈틈이 보이지 않도록 가운데로 모아주세요.

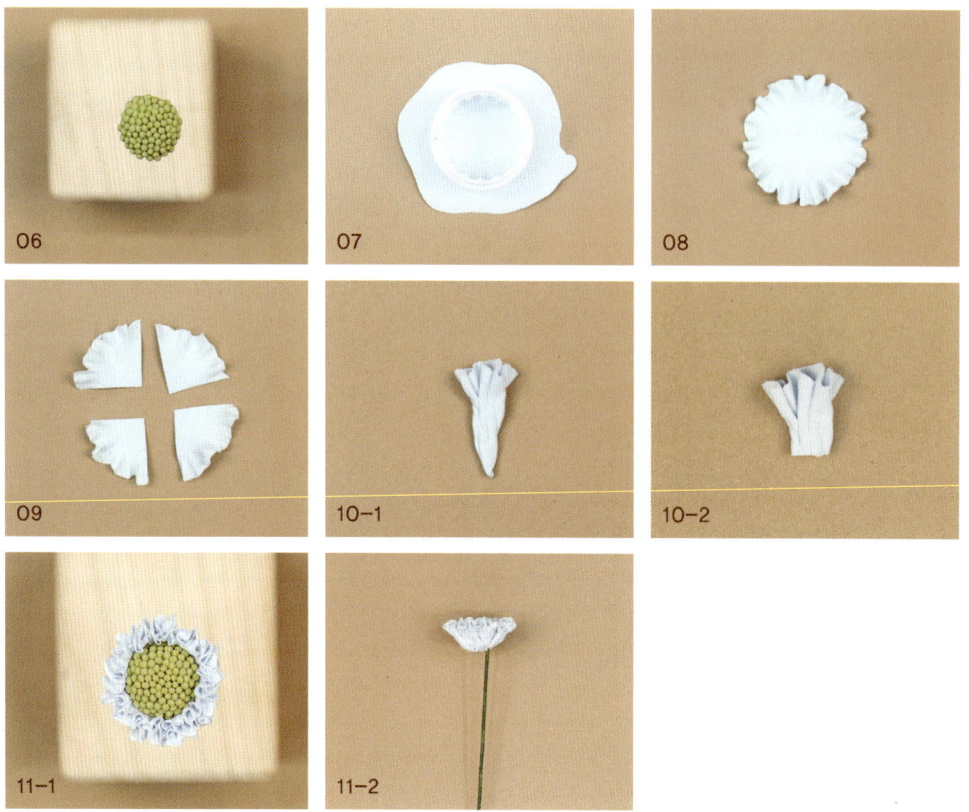

06   04번에서 남은 나머지 클레이들도 크기순으로 중앙에서 바깥쪽으로 붙여주세요.

07   하늘색 클레이를 1mm 두께로 얇게 민 다음 프릴 커터(4.8cm)로 잘라주세요.

08   자른 꽃잎 가장자리를 페탈베이너로 밀어서 프릴을 만들어주세요. 07~08번 과정을 반복해서 꽃잎 총 3장을 만들어주세요.

09   08번의 꽃잎을 십자(十) 모양으로 잘라 4등분 해주세요. 꽃잎 3장 모두 잘라 작은 꽃잎 총 12장을 만들어주세요.

10   작은 꽃잎 7~8장 정도를 S자 모양으로 지그재그로 접은 다음 뾰족한 아랫부분을 가위로 잘라주세요.

11   꽃잎의 아랫부분에 목공 풀을 발라 06번 옆면에 둘러가며 붙여주세요. 옆에서 봤을 때 수술의 가장 높은 부분과 비슷한 높이로 붙여주세요.

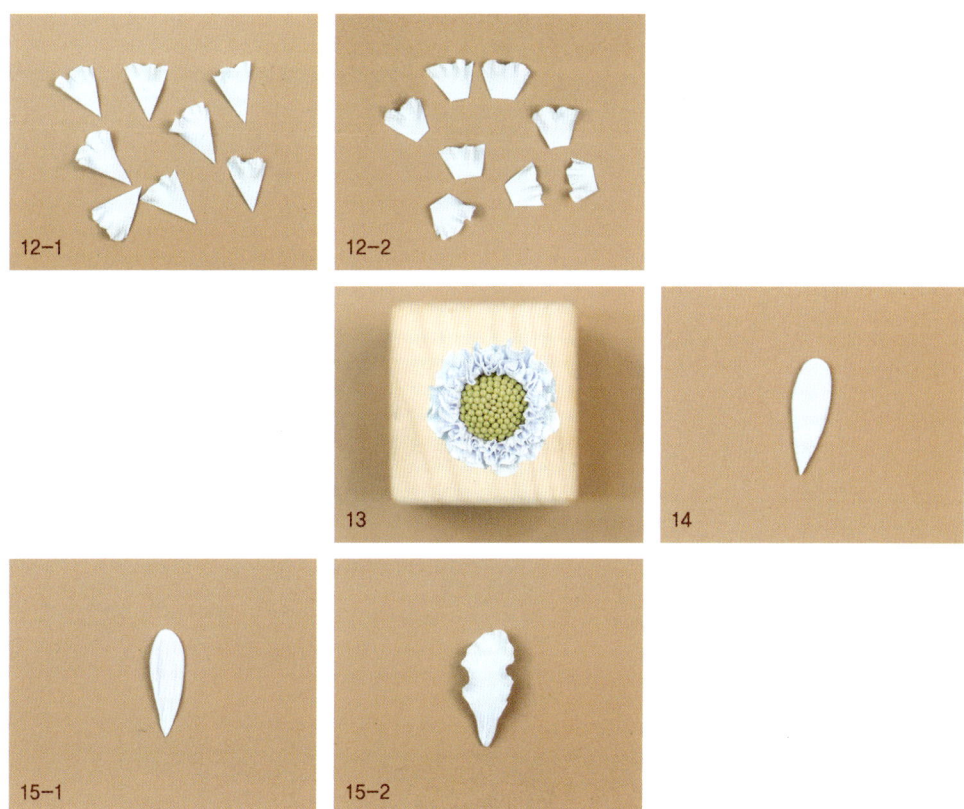

12 10번에서 남은 꽃잎을 한 번 더 반으로 자른 다음 뾰족한 아랫부분을 가위로 잘라주세요.

13 꽃잎의 아랫부분에 목공 풀을 발라 11번 옆면에 둘러가며 붙여주세요. 이전에 붙인 꽃잎과 같거나 살짝 낮은 높이에 겹치지 않도록 붙여주세요.

14 하늘색 클레이를 0.8cm×2.8cm 크기의 물방울 모양으로 만든 다음 손가락으로 눌러서 얇게 펴주세요.

15 꽃잎의 뾰족한 끝부분은 제외하고 가운데를 페탈베이너로 살짝 민 다음 가장자리를 최대한 얇게 밀어 프릴을 만들어주세요.

16 꽃잎의 뾰족한 끝부분에 목공 풀을 발라 13번 꽃 아랫면 줄기 가까이에 붙여주세요.

17 하늘색 클레이를 0.5cm×2.5cm 크기의 물방울 모양으로 만든 다음 손가락으로 눌러서 얇게 펴고 15번 과정을 반복해서 작은 꽃잎 한 장을 만들어주세요.

18 작은 꽃잎을 16번에서 붙인 큰 꽃잎과 살짝 겹쳐서 붙여주세요.

19 14~15번 과정을 반복해서 큰 꽃잎을 만든 다음 18번에서 붙인 작은 꽃잎 옆에 붙여주세요. 계속해서 큰 꽃잎과 작은 꽃잎을 번갈아가며 붙여주세요.

20 연한 올리브 그린색 클레이로 0.5cm×2.5cm 크기의 물방울 모양을 만들어주세요.

21 둥근 부분을 조금 남겨놓고 뾰족한 부분을 세로로 잘라 2등분 해주세요.

22   자른 부분을 각각 한 번 더 잘라 네 갈래로 만들고 십자(十) 모양으로 벌려주세요.

23   둥근 부분을 가위로 짧게 잘라 꽃받침을 만들어주세요.

24   꽃받침을 19번 꽃 아래에 끼워주세요. 잘 붙지 않을 경우 목공 풀을 발라 붙여주세요.

25   연한 올리브 그린색 클레이로 0.5cm×3cm 크기의 물방울 모양을 만든 다음 21~24번 과정을 반복해서 이전에 붙인 꽃받침과 어긋나게 붙여주세요.

26   꽃잎보다 조금 더 진한 색이나 다른 색 물감으로 꽃잎 끝을 살짝 칠하면 완성입니다.

오하라 장미
O'Hara rose

향기가 좋기로 유명한 오하라 장미는 '사랑의 맹세'라는 꽃말을 가지고 있어요. 겹겹이 둘러싸인 꽃잎이 그 향기를 더 풍성하게 만들어주는 것 같아요. 한 송이만 있어도 화려한 오하라 장미 센터피스로 파티 분위기를 고급스럽게 바꿔보세요.

클레이 분홍색(원하는 꽃잎 색), 흰색

도 구 오일, 철사(18호), 밀대, 장미 커터(1.4cm×1.5cm/2cm×2.2cm/2.7cm×3cm/3.3cm×3.5cm/4cm×4.5cm),
마지팬 도구, 목공 풀

How to make

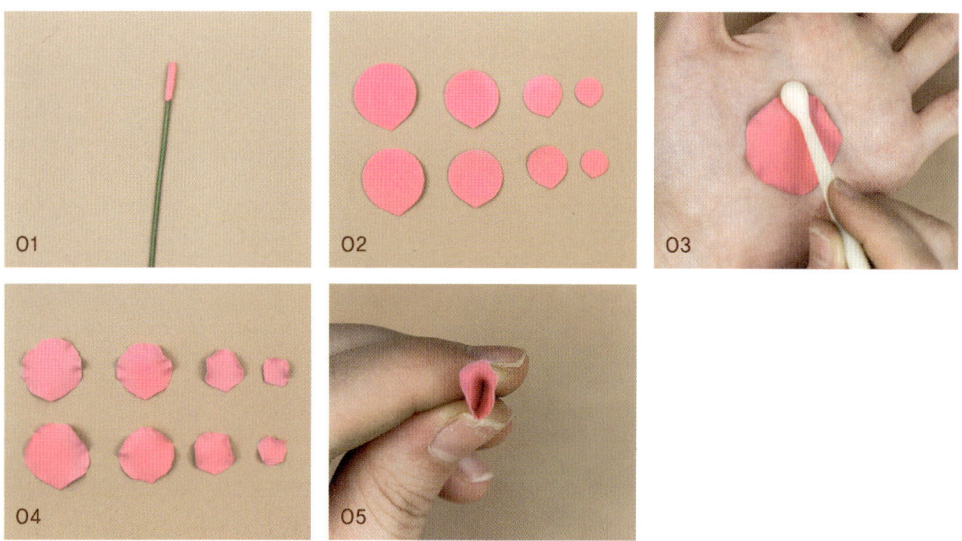

01 분홍색 클레이 소량을 18호 철사 끝에 2.5cm 정도 얇게 감싸주세요.

02 분홍색 클레이를 1mm 두께로 얇게 민 다음 1.4cm×1.5cm, 2cm×2.2cm, 2.7cm×3cm,
3.3cm×3.5cm 장미 커터로 각각 2장씩 잘라 꽃잎 총 8장을 만들어주세요.

03 꽃잎 1장을 손바닥에 올린 다음 마지팬 도구로 꽃잎 가장자리를 부드럽게 문질러서 프릴을 만들
어주세요.

04 나머지 꽃잎 모두 03번 과정을 반복해서 프릴을 만들어주세요.

05 가장 작은 꽃잎 1장의 아랫부분을 반으로 오므려 접어주세요.

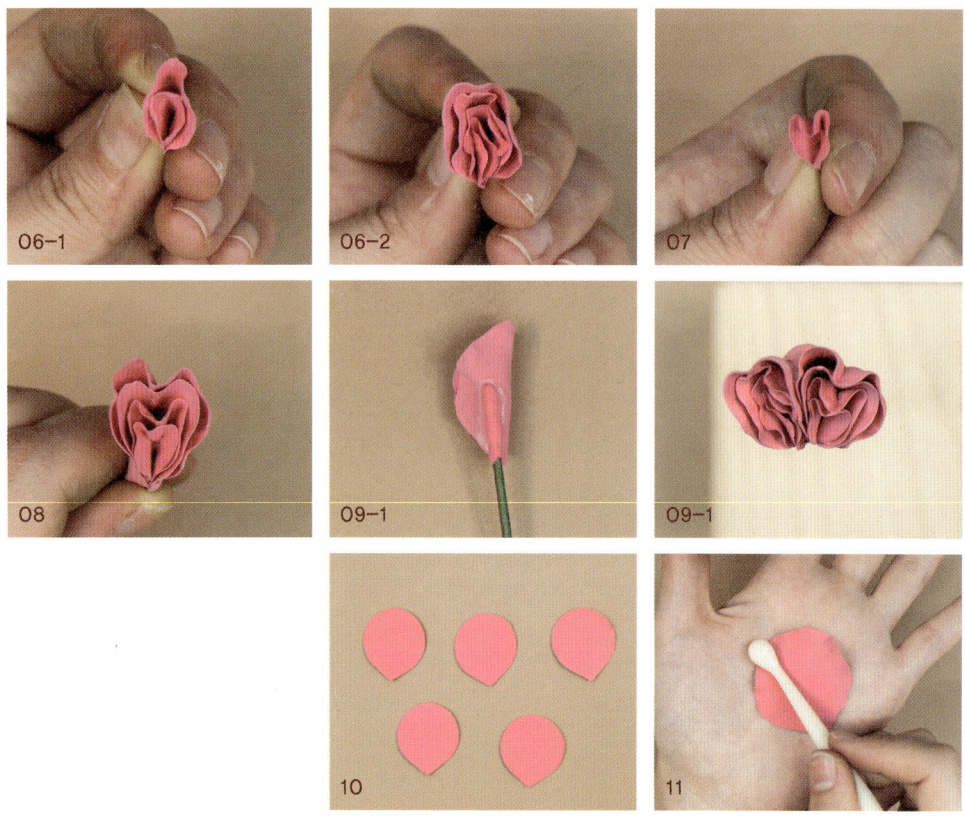

06   그다음 크기의 꽃잎 1장을 05번 꽃잎보다 조금 높은 위치에 감싸듯이 붙여주세요. 동일한 방법으로 가장 큰 꽃잎까지 순서대로 1장씩 붙여주세요.

07   나머지 가장 작은 꽃잎 1장의 아랫부분을 반으로 오므려 접은 다음 꽃잎 가운데를 안쪽으로 들어가게 눌러서 하트 모양으로 만들어주세요.

08   그다음 크기의 꽃잎 1장을 07번 꽃잎보다 조금 높은 위치에 감싸듯이 붙이고 가운데를 안쪽으로 들어가게 눌러서 하트 모양으로 만들어주세요. 동일한 방법으로 가장 큰 꽃잎까지 순서대로 붙여주세요.

09   06, 08번의 꽃잎에 목공 풀을 발라 01번 철사 끝 클레이 부분에 양쪽으로 붙인 다음 튀어나온 부분을 손가락으로 매만져서 모양을 다듬어주세요.

10   분홍색 클레이에 흰색을 조금 섞어서 1mm 정도로 얇게 민 다음 4cm×4.5cm 장미 커터로 잘라 꽃잎 5장을 만들어주세요.

11   꽃잎 5장 모두 03번 과정을 반복해서 프릴을 만들어주세요.

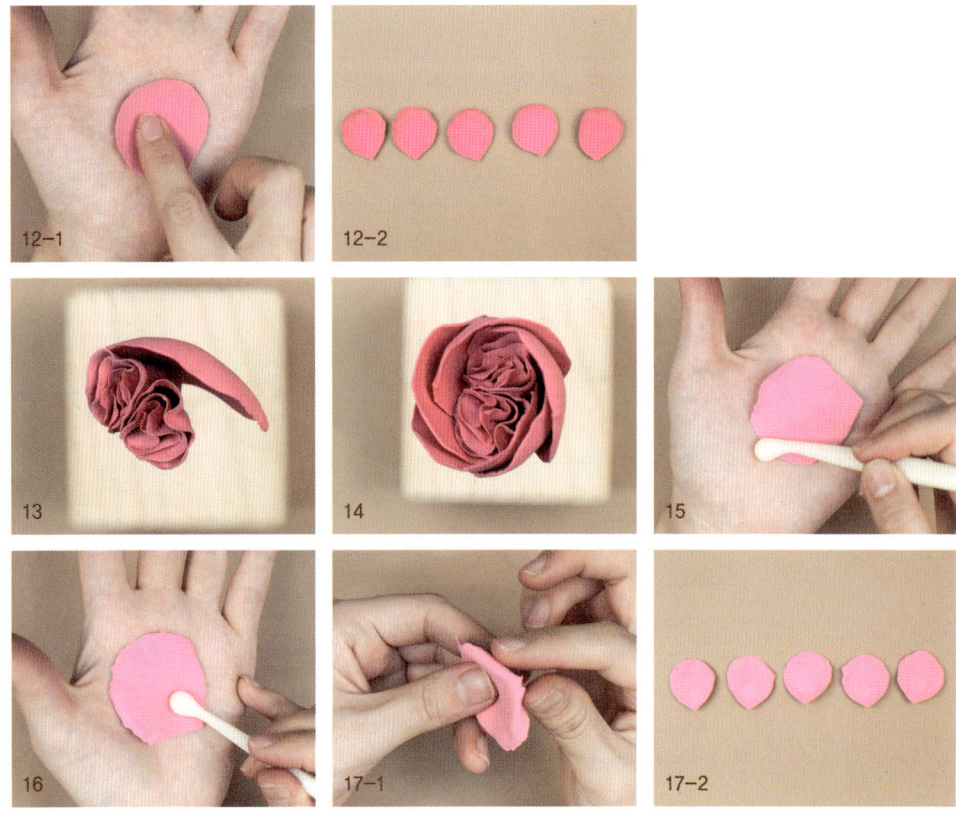

12 손바닥 가운데에 꽃잎 1장을 올려놓고 손가락으로 꽃잎 전체를 둥글게 문질러 꽃잎에 입체감을
    주세요. 나머지 꽃잎 모두 동일하게 작업해주세요.

13 09번보다 조금 더 높은 위치에 꽃잎 1장을 붙여주세요.

14 나머지 4장의 꽃잎도 주변을 둘러가면서 일정한 간격으로 붙이고, 꽃잎 사이사이 벌어진 부분에
    목공 풀을 살짝 발라 꽃잎이 벌어지지 않도록 붙여주세요.

15 분홍색 클레이에 흰색을 더 많이 섞어서 10번보다 연한 색을 만든 다음, 밀대로 1mm 정도 두께로
    얇게 밀어 장미 커터(4×4.5cm)로 5장을 잘라주세요. 5장 꽃잎 모두 03번 과정을 반복해주세요.

16 마지팬 도구로 작업한 꽃잎 아랫부분을 문지르듯이 누르면서 둥글게 만들어주세요.

17 손가락으로 꽃잎 위쪽 가장 자리를 뒤로 살짝 젖혀주세요.

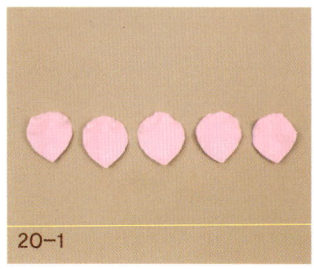

18   14번보다 높은 위치에 5장의 꽃잎을 일정한 간격으로 붙여주세요.

19   붙인 꽃잎 가장자리를 바깥쪽으로 좀 더 뒤집어주세요.

20   남은 연한 분홍색 클레이에 흰색 클레이를 더 많이 섞어서 15번보다 연한 색을 만든 다음, 15~17번 작업을 반복해주세요. 그다음 19번에 꽃잎 5장을 일정한 간격으로 붙여주세요.

21   남은 클레이에 흰색 클레이를 더 섞어서 20번보다 연한 색을 만든 다음, 15~17번 작업을 반복해 주세요. 그다음 20번에 꽃잎을 일정한 간격으로 붙이면 완성입니다.

클레이 머핀

Clay muffin

클레이 머핀은 무엇이든지 꽂을 수 있는 메모 꽂이로 변신할 수 있어요. 클레이폼과 클레이로 만든 머핀 위에 다양한 장식을 꽂아 자유롭게 응용해보세요. 장식 대신 메모장을 붙이면 네임텍으로도 사용할 수 있습니다.

클레이 갈색(폼클레이), 흰색(원하는 머핀 색)

도 구 오일, 머핀 유산지(5.5cm), 머핀 틀, 비닐봉지, 목공 풀, 밀대, 프릴 커터(8.8cm), 이쑤시개, 클레이 장식, 페인 팅 나이프, 물

How to make

01 머핀 유산지와 머핀 틀을 준비해주세요. 여기에서는 지름 5.5cm 머핀 유산지를 사용했어요.

     tip 머핀 틀 대신 머핀 유산지와 비슷한 크기의 작은 컵을 준비하셔도 됩니다.

02 비닐봉지를 머핀 틀 안에 밀착되게 넣고, 갈색 폼클레이를 꾹꾹 눌러가며 채워주세요.

03 비닐봉지에서 폼클레이를 분리한 다음 머핀 유산지 아랫면과 크기가 비슷한지 확인하고, 폼클레 이가 더 크면 옆면을 조심스럽게 눌러 크기를 비슷하게 만들어주세요.

04 폼클레이 아랫면과 옆면에 목공 풀을 발라 머핀 유산지를 붙인 다음 클레이 머핀을 하루 정도 굳 혀주세요. 굳히지 않고 작업을 하다보면 머핀 형태가 변할 수 있어요.

05 흰색 클레이를 머핀 윗면과 비슷한 크기로 동그랗고 납작한 형태로 만들어주세요.

06 05번 클레이를 머핀 윗면에 붙인 다음 가장자리를 눌러 반구 모양이 되도록 만들어주세요.

07 흰색 클레이를 3mm 정도의 두께로 민 다음, 프릴 커터(8.8cm)로 자르고 클레이 머핀 윗면에 덮어주세요. 머핀 윗면의 높이가 더 높을 경우에는 더 큰 크기의 프릴 커터를 사용해주세요.

08 이쑤시개 윗면에 클레이 장식을 붙인 다음 클레이 머핀 위에 꽂으면 완성입니다.

- 클레이 크림으로 장식하기

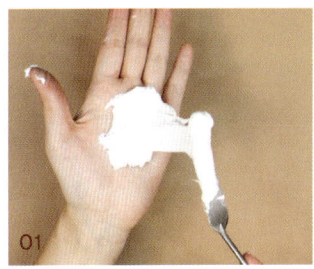 

01 손바닥에 원하는 색의 클레이를 올려놓고 물을 아주 조금씩 넣어 페인팅 나이프로 섞어주세요.
물을 조금씩 추가하면서 클레이가 질은 상태가 될 때까지 작업해주세요.

tip 손에 오일을 충분히 바르고 작업하면 클레이가 손에 붙지 않습니다.

tip 물을 너무 많이 넣으면 클레이가 마르면서 크림의 질감이 사라질 수 있으니 머핀 윗면에 바를 수 있을 정도
로만 질게 작업합니다.

02 클레이 크림을 페인팅 나이프로 머핀 윗면에 발라주세요. 클레이 크림은 마르면서 수축이 되기
때문에 두껍게 발라주세요.

클레이 케이크

Clay cake

클레이로 케이크도 만들 수 있답니다. 마치 슈가크래프트로 만든 진짜 케이크 같은 클레이 케이크를 파티 소품으로 활용해보세요. 클레이 플라워 케이크 토퍼로 장식하면 더 예쁘답니다.

클레이 흰색(원하는 케이크 색)

도 구 오일, 원통 형태의 스티로폼(케이크 모양), 밀대, 페인팅 나이프, 가위, 스크래퍼 또는 평평한 형태의 도구, 물티슈, 무늬가 있는 냅킨, 물, 붓, 리본끈

How to make

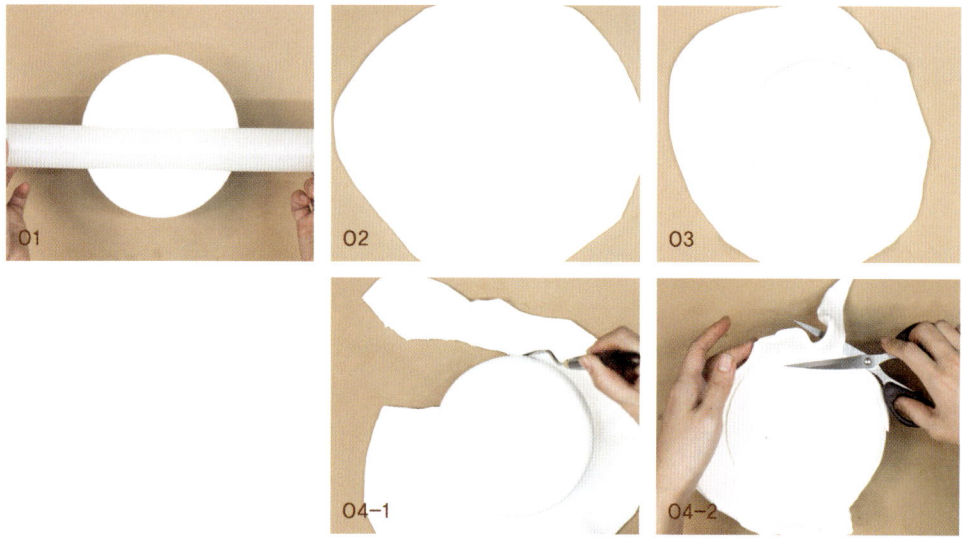

01 케이크 모양의 스티로폼을 준비하고, 밀대로 윗면과 옆면의 크기를 대략 재주세요.

02 흰색 클레이를 밀대로 밀어 스티로폼을 씌울 수 있을 정도의 크기로 만들어주세요. 밀다가 기포가 보이면 페인팅 나이프로 기포 옆면을 잘라 기포를 제거해주세요. 제거하지 않으면 스티로폼에 씌웠을 때 울퉁불퉁해져요.

03 넓게 민 클레이를 스티로폼에 씌운 다음 클레이가 주름지지 않고 깔끔하게 밀착되도록 손날로 윗면과 옆면을 조심스럽게 문질러서 붙여주세요.
    tip 고운 사포로 스티로폼 표면을 다듬거나 물을 살짝 발라주면 클레이가 스티로폼에 더 잘 달라붙습니다.

04 페인팅 나이프를 바닥과 수직이 되도록 잡고 남은 클레이를 잘라서 깔끔하게 정리해주세요.
    tip 클레이 케이크를 뒤집은 다음 가위로 바닥면에 맞춰 잘라도 됩니다.

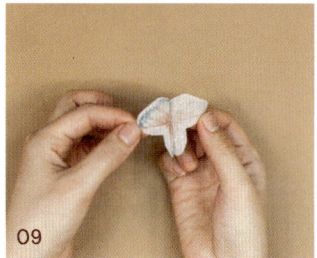

05 클레이 케이크의 옆면이 보이게 세운 다음 스크래퍼를 위아래로 밀면서 옆면을 깔끔하게 펴주세요.
tip 스크래퍼가 없을 경우에는 평평한 플라스틱 또는 금속 형태의 도구를 사용합니다.

06 클레이 케이크의 바닥면이 보이게 뒤집은 다음 페인팅 나이프로 케이크 테두리의 클레이를 바깥에서 안쪽 방향으로 밀면서 다듬어주세요.

07 물티슈로 클레이 케이크 표면을 살살 닦으며 깔끔하게 정리해주세요.
tip 이 과정에서 겉에 묻은 먼지도 제거할 수 있습니다.

08 클레이 케이크를 장식할 무늬 있는 냅킨을 준비해주세요.

09 냅킨에서 원하는 모양을 자르고 냅킨이 너무 두꺼우면 클레이 케이크에 붙이기 어려우니 한 겹만 남도록 분리해서 최대한 얇게 만들어주세요.

10 냅킨을 붙일 부분에 물을 살짝 바른 다음 냅킨을 올려놓고 서서히 붙여주세요. 그다음 붓에 물을
    묻혀서 붙인 냅킨 윗면을 펴듯이 살살 발라주세요.

    tip 냅킨의 잔주름이 남았으면 조금 마른 다음 손가락으로 조심스럽게 문지릅니다.

    tip 클레이 케이크에 냅킨을 붙일 때, 케이크 표면의 가리고 싶은 부분에 붙이면 깔끔하게 커버할 수 있습니다.

11 리본끈으로 클레이 케이크 아래쪽에 띠를 둘러 마무리합니다.

    tip 클레이 케이크 커버링은 아래쪽을 깔끔하게 작업하기 힘들기 때문에 리본으로 가려주면 좀 더 정돈된 느낌
    이 듭니다.

클레이 쿠키

Clay cookie

마치 아이싱 한 것 같은 클레이 쿠키입니다. 미니 장미와 카네이션으로 장식하면 좀 더 고급스러운 느낌을 줄 수 있어요. 파티 장식이나 인테리어 소품. 선물용으로도 안성맞춤 이랍니다.

클레이 갈색(원하는 쿠키 색), 흰색(원하는 아이싱 색)
도 구 오일, 밀대, 원하는 모양의 커터, 페탈베이너

How to make

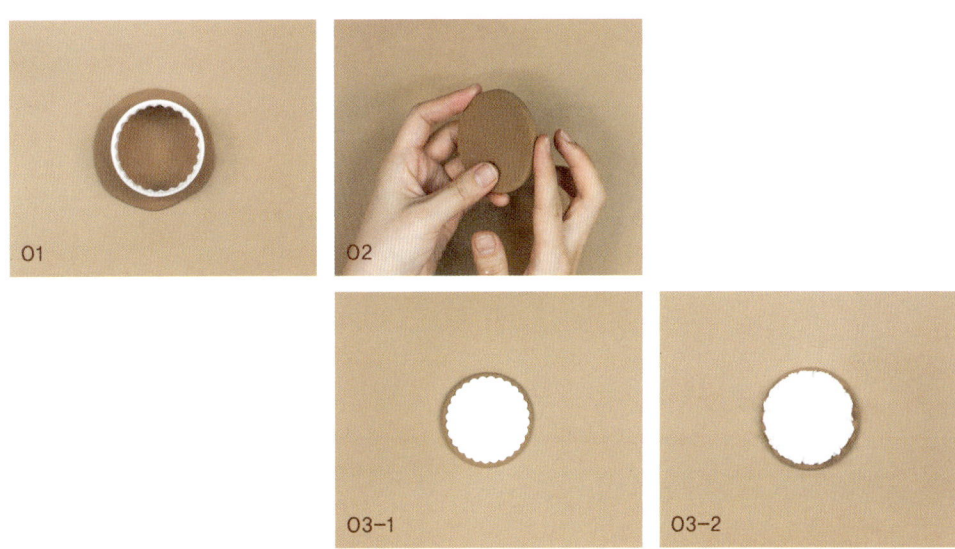

01 갈색 클레이를 4~5mm 두께로 민 다음 원하는 모양의 커터로 잘라주세요. 두꺼워서 잘 잘리지 않으면 커터를 누른 상태에서 커터 바깥쪽 남은 클레이 반죽을 떼어내며 제거해주세요.

02 커터로 자른 클레이 옆면을 손가락으로 문질러서 깔끔하게 정리해주세요.

03 흰색 클레이를 1~2mm 두께로 얇게 민 다음, 01번과 같거나 조금 작은 크기의 커터로 잘라주세요. 자른 상태 그대로 02번의 클레이 쿠키에 붙이거나, 페탈베이너로 가장 자리에 프릴을 만든 다음 붙여주세요.

꽃으로 장식하기

Material

큰 장미　**클레이**　연한 노란색(원하는 꽃잎 색), 진한 노란색, 올리브 그린색

　　　　　　도　구　오일, 밀대, 장미 커터(3.3cm×3.5cm/2.7cm×3cm/2cm×2.2cm), 마지팬 도구, 목공 풀, 이쑤시개

하트 쿠키　**클레이**　연두색(원하는 쿠키 색), 흰색

　　　　　　도　구　오일, 하트 모양 쿠키 커터, 밀대, 페인팅 나이프, 이쑤시개, 프릴 커터(4.8cm), 페탈베이너, 가위, 목공 풀

미니 장미　**클레이**　노란색(원하는 꽃잎 색)

　　　　　　도　구　오일, 밀대, 마지팬 도구, 장미 커터(1.4cm×1.5cm)

미니 카네이션　**클레이**　빨간색(원하는 꽃잎 색)

　　　　　　도　구　오일, 밀대, 페탈베이너

How to make

큰 장미

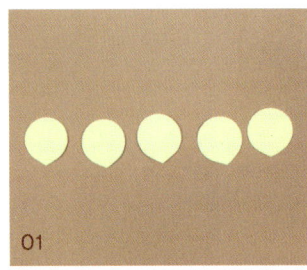  

01 연한 노란색 클레이를 1~2mm 두께로 민 다음 장미 커터(3.3cm×3.5cm)로 잘라 꽃잎 5장을 만들어주세요.

02 마지팬 도구로 꽃잎 가장자리를 안쪽에서 바깥방향으로 눌러서 얇게 펴주세요. 그다음 꽃잎을 손바닥 위에 올려놓고 가운데를 둥글게 문질러 입체감을 준 다음 손가락으로 꽃잎 윗부분을 살짝 뒤로 젖혀주세요.

03 꽃잎 5장을 클레이쿠키 윗면에 일정한 간격으로 붙여주세요.

04 연한 노란색 클레이를 1~2mm 두께로 민 다음 장미 커터(2.7cm×3cm)로 5장 자르고. 02번 작업을 반복해주세요.

05 꽃잎 5장을 03번에서 붙인 꽃잎과 어긋나게 일정한 간격으로 붙여주세요.

06 연한 노란색 클레이를 1~2mm 두께로 민 다음 장미 커터(2cm×2.2cm)로 2장 자르고 02번 작업을 반복한 다음 05번 꽃 가운데에 붙여주세요.

07 연한 노란색, 진한 노란색, 올리브 그린색 클레이를 1~2mm 크기의 작은 공 모양으로 여러 개 만든 다음 꽃잎 가운데에 목공 풀을 바르고 공 모양의 클레이를 붙입니다.

08 클레이 쿠키 가장자리에 이쑤시개로 점을 찍어 마무리합니다.

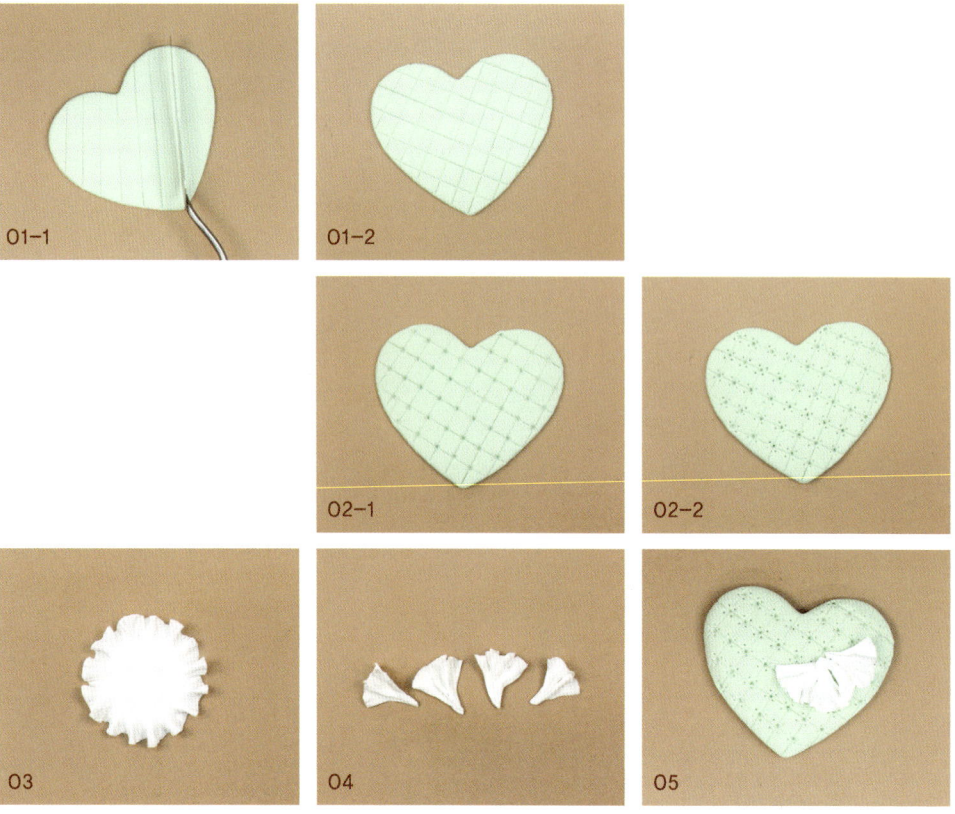

01 연두색 클레이를 2~3mm 두께로 밀어 하트 모양 쿠키 커터로 자른 다음 클레이 윗면에 페인팅 나이프를 사선으로 누르면서 선을 그어주세요. 반대 방향으로도 작업해서 격자무늬를 만들어주세요.

02 01번을 하트 모양 클레이 쿠키 위에 붙인 다음 이쑤시개로 사진처럼 점을 찍어 장식해주세요.

03 흰색 클레이를 프릴 커터(4.8cm)로 자른 다음, 페탈베이너로 가장 자리를 얇게 펴서 프릴을 만들어주세요.

04 십자(十)모양으로 잘라 4등분하고 프릴이 없는 뾰족한 부분을 지그재그로 접어주세요.

05 02번에 04번을 사진처럼 촘촘하게 붙여주세요.

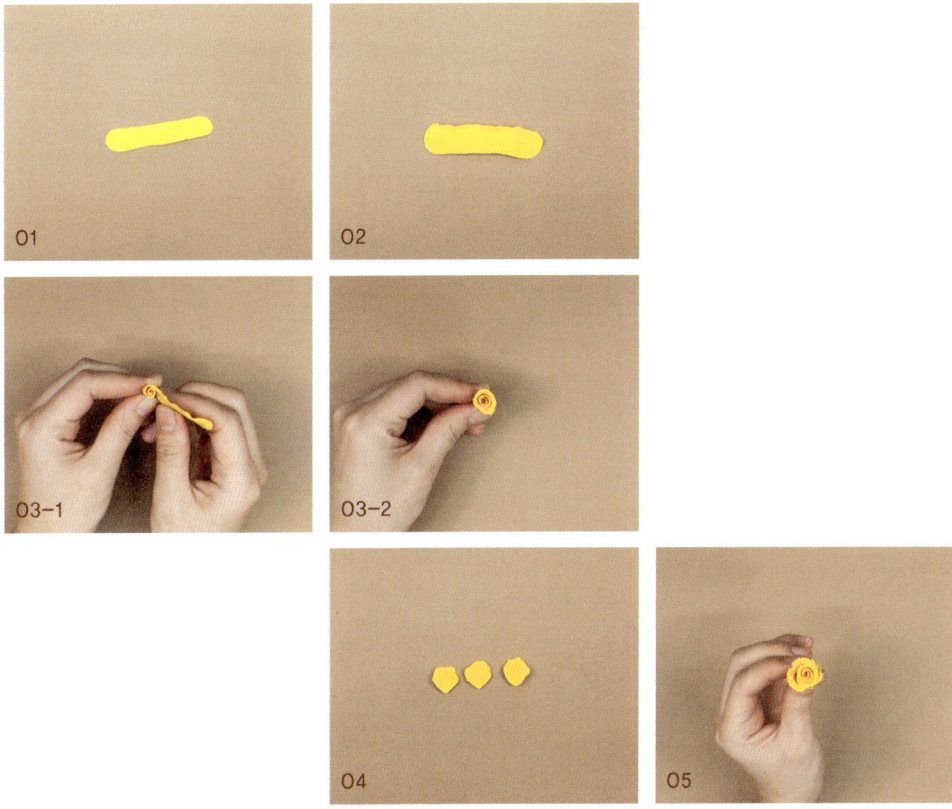

01 노란색 클레이를 6~7cm 정도의 긴 타원 모양으로 얇게 밀어주세요.

02 마지팬 도구로 클레이의 긴 한쪽 면을 안쪽에서 바깥쪽으로 누르면서 얇게 펴주세요.

03 02번에서 얇게 밀어준 면이 위로 오게 잡고 아랫부분을 돌돌 말아주세요. 클레이를 말면서 높이가 조금씩 높아지도록 말아주세요.

04 노란색 클레이를 얇게 밀고 장미 커터(1.4cm×1.5cm)로 잘라 꽃잎 3장을 만든 다음 마지팬 도구로 꽃잎 가장자리를 눌러 얇게 펴주세요.

05 작업한 꽃잎 3장을 03번에 일정한 간격으로 붙여주세요.

미니 카네이션

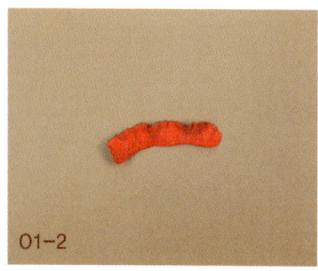

01-1   01-2   02

01   빨간색 클레이를 5~6cm 정도의 긴 타원 모양으로 얇게 민 다음 페탈베이너로 클레이의 긴 한
　　　쪽 면을 얇게 밀어 프릴을 만들어주세요.

02   프릴이 없는 아랫면을 잡고 돌돌 말아주세요. 프릴이 있는 부분이 망가지지 않도록 주의합니다.

쿠키에 붙이기

01

01   미니 장미와 미니 카네이션의 아랫면을 가위로 짧게 자르고 목공 풀로 미리 만든 하트 쿠키
　　　(p.174) 위에 붙여 장식하면 완성입니다.